本书系2022年度广东省青少年校园足球暨学生体质提升专项课题：
"多元互动模式下幼儿足球课程体系构建的实证研究"（课题号：22SXZPT45）阶段性成果

儿童体适能

李 寅　胡晓燕　主编

·广州·

版权所有　翻印必究

图书在版编目（CIP）数据

儿童体适能/李寅，胡晓燕主编. —广州：中山大学出版社，2023.9
ISBN 978-7-306-07801-8

Ⅰ.①儿…　Ⅱ.①李…②胡…　Ⅲ.①儿童—身体训练　Ⅳ.①G808.17
中国国家版本馆CIP数据核字（2023）第079460号

ERTONG TISHINENG

出 版 人：王天琪

策划编辑：张　蕊
责任编辑：张　蕊
封面设计：林绵华
责任校对：舒　思
责任技编：靳晓虹
出版发行：中山大学出版社
电　　话：编辑部 020-84111997，84113349，84110771，84110779
　　　　　发行部 020-84111998，84111981，84111160
地　　址：广州市新港西路135号
邮　　编：510275　　传　　真：020-84036565
网　　址：http://www.zsup.com.cn　E-mail：zdcbs@mail.sysu.edu.cn
印 刷 者：广州市友盛彩印有限公司
规　　格：787mm×1092mm　1/16　8.875印张　180千字
版次印次：2023年9月第1版　2024年12月第4次印刷
定　　价：58.00元

如发现本书因印装质量影响阅读，请与出版社发行部联系调换

编委会

主　编：李　寅　胡晓燕

副主编：伍　禹（贵阳幼儿师范高等专科学校）

　　　　雷　霆（南京小象皮尼文化科技有限公司）

　　　　王　娟（四川卫生康复职业院校）

编　委：张新萍（中山大学）

　　　　马　莉（广州体育学院）

　　　　吴　敏（广州体育学院）

　　　　王文芳（广东体育职业技术学院）

　　　　扬鲜兵（广东体育职业技术学院）

　　　　王子登（广东锴碧体育科技有限公司）

　　　　李红梅（广东汕头幼儿师范高等专科学校）

　　　　邓丽佳（贵阳市至善实验幼儿园）

前　言

党的二十大报告指出，"广泛开展全民健身活动，加强青少年体育工作，促进群众体育和竞技体育全面发展，加快建设体育强国"。在"人民至上"理念的顶层设计下，我国围绕全民大健康、青少年体质健康方面颁布了一系列政策文件，不断指引学校、幼儿园体育理念的转变和发展。学校、幼儿园在开展体育教育过程中，应保持"健康第一"的发展理念，并根据不同学制、不同年龄结构因材施教。

本书根据儿童、青少年在不同年龄阶段的发育特点，以运动发展理论为基础，以促进身体素质为目标，系统地讲解了儿童体适能的理论知识与实践训练技巧。

本书的第一章至第三章为体育科学的理论知识，也是体育教育者应该理解和需要掌握的知识要点。第四章和第五章为实战练习的前导章节，是对课程环节的科学安排。第六章和第七章精心设计了适用于儿童的体能游戏，这些游戏项目包含游戏的动作模式、动作技能、操作技能等；游戏内容配有相关的视频案例，封底的二维码可以让读者扫描观看。

本书详细介绍了动作发展模式中的"跑、跳、投、翻、滚"以及身体素质中的"速度、力量、耐力、柔韧、灵敏"等内容。本书适用于想要了解运动的含义、体适能或身体素质的内涵，想要掌握运动和健身的概念，想要学习运动技能并且能够培养学生对体育运动产生积极态度的体育教育者；同样也适用于体育爱好者。

本书汇总了以往教学案例的精髓，启迪读者以系统层次化的思维模式理解体适能课程的设计内涵。本书也可作为新型教材的模板，配以精选的体适能游戏视频，使读者可以深入地理解体适能的内容，并了解如何教授这门课程。

目　录

第一章　绪论 ………………………………………………………………… 1
　一、体适能与儿童体适能 ……………………………………………… 2
　二、儿童体适能的研究进展 …………………………………………… 3
　三、儿童体适能课程设计 ……………………………………………… 7

第二章　学龄前儿童的生理特点 ………………………………………… 11
　一、学龄前儿童运动系统的生理特点 ………………………………… 12
　二、学龄前儿童循环系统的生理特点 ………………………………… 13
　三、学龄前儿童呼吸系统的生理特点 ………………………………… 14
　四、学龄前儿童消化系统的生理特点 ………………………………… 15
　五、学龄前儿童感觉器官的发育特点 ………………………………… 15
　六、学龄前儿童神经系统的生理特点 ………………………………… 16

第三章　儿童体适能训练中的心理发展 ………………………………… 19
　一、儿童心理发展的一般特点 ………………………………………… 20
　二、儿童体适能训练中常见的心理干预 ……………………………… 25
　三、儿童侵犯行为、违纪行为及其他问题行为及应对措施 ………… 29

第四章　儿童体适能课程设计 …………………………………………… 31
　一、动作发展 …………………………………………………………… 32
　二、基本运动技能 ……………………………………………………… 35
　三、儿童体适能课程环节和设计原理 ………………………………… 59

第五章　儿童体育测量与评价 …………………………………………… 63
　一、体质健康的基本概念 ……………………………………………… 64

二、国内外幼儿体测的发展历史 ………………………………………… 65
三、幼儿体测标准 ………………………………………………………… 67

第六章 学龄前儿童体适能训练 …………………………………………… 81
　　一、学龄前儿童肌力训练 ……………………………………………… 82
　　二、学龄前儿童灵敏训练 ……………………………………………… 86
　　三、学龄前儿童耐力训练 ……………………………………………… 89
　　四、学龄前儿童平衡训练 ……………………………………………… 93
　　五、学龄前儿童柔韧训练 ……………………………………………… 96
　　六、学龄前儿童速度训练 ……………………………………………… 99
　　七、学龄前儿童协调训练 ……………………………………………… 102

第七章 学龄儿童体适能训练 ……………………………………………… 105
　　一、学龄儿童肌力训练 ………………………………………………… 106
　　二、学龄儿童灵敏训练 ………………………………………………… 112
　　三、学龄儿童耐力训练 ………………………………………………… 116
　　四、学龄儿童平衡训练 ………………………………………………… 119
　　五、学龄儿童柔韧性训练 ……………………………………………… 122
　　六、学龄儿童速度训练 ………………………………………………… 124
　　七、学龄儿童协调训练 ………………………………………………… 128

参考文献 ……………………………………………………………………… 132
附　件 ………………………………………………………………………… 133
致　谢 ………………………………………………………………………… 134

第一章

绪 论

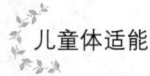
儿童体适能

一、体适能与儿童体适能

（一）体适能的概念

"体适能"一词对应的英文是 physical fitness。有学者认为，physical fitness 在中国内地被译为"体质"，在中国港澳台地区则被译为"体适能"。该词还可被译为"体能和体力"。

人们普遍认为 physical fitness 的本质是一组属性（attributes）：从生活角度看，它是人类对现代生活的一种身体适应能力；从生理机能方面看，它是指人类身心构成要素中的全部机能，表现为运动能力、工作能力和抵抗疾病的能力；从身体组成方面看，它包括体形、机能和运动等适应能力。因此，physical fitness 的本质是"身体适应能力"，简称"体适能"。

1952 年，Larson 和 Yocom 从生理学角度认为体适能由 10 种因素组成，分别是疾病抵抗力、肌肉力量与耐力、心血管与呼吸耐力、爆发力、柔韧性、速度、灵敏性、协调性、平衡、准确性。

20 世纪 60 年代末，许多学者对体适能层级多维模式的概念进行了描述。例如，Corbin 在 1969 年就认为体适能由多种因素组成，它有助于处于社会中的个体有效地工作而不会过度产生疲劳。体适能的次级目标是与健康有关的适能和与运动技能有关的适能。与健康有关的适能包括心血管适能、力量、肌肉耐力、柔韧性、身体成分，与动作技能有关的适能包括敏捷性、平衡性、协调性、爆发力、反应速度等。

（二）儿童体适能的定义

儿童体适能，旨在通过合理的体能训练提高儿童身体素质，增强其环境适应能力、自我保护能力、心理自我调节能力，并为其未来的生活、学习、工作打下良好基础。①

儿童体适能主要由身体健康发展和心理健康发展组成。身体健康发展主要包括运动相关体能（skill-related physical fitness）和健康相关体能（health-related physical fitness），前者主要由爆发力、弹跳力、体耐力、敏捷性、灵巧性、距离

---

① 黄倩文、李旭辉：《体适能课程对 3～6 岁儿童运动能力影响的研究》，载《体育科学进展》2020 年第 4 期，第 301-305 页。

感、平衡感、协调性组成,后者主要由身体、心肺耐力、肌力、肌耐力和柔软性五部分构成。心理健康发展则由专注力、意志力、团结合作、勇敢自信、不怕困难、理性、果断等意志品质组成。

二、儿童体适能的研究进展

(一)儿童体适能研究的兴起

1. 儿童缺乏运动、体能下降引起各方关注

随着移动互联网及智能手机的普及,儿童触网年龄越来越小,日益变"宅"的青少年由于运动不足,也面临更多的肥胖及亚健康问题。

体适能问题已成为我国体育界研究的热点之一。"体适能"常被译为 physical fitness,其广义的解释是指,人体所具备的身体能力,能够承载日常工作(学习)时的疲劳,且自身感到精力充沛,同时有余力享受日常非工作时段休闲活动的乐趣,能适应某些突发状况的能力。①

关于体适能的研究对从事体育教育、运动生理、健康教育以及营养和身体治疗等职业的发展具有重要的意义。美国公共健康服务部门早在 1980 年就将体适能列为"改善国家健康所需关注的 15 个领域"之一。②

国家体育总局青少年体育研究与发展中心原副主任徐建方曾向媒体表示,缺少锻炼及室外活动不足等因素导致我国青少年体质问题日益增多,以北京为例,2016 年小学生近视率在 20%～30%,初中生达 50% 以上,到了高中更是达 90% 以上。③

华东师范大学发布的《中日儿童青少年体质健康比较研究结果公报》显示,中国儿童青少年体格指标在大部分年龄段显著高于日本,但在心肺耐力、柔韧性和灵敏协调性等体能指标上显著低于日本。④

幼儿在 3～6 岁时是身体和神经系统发育的黄金时期,运动能促进幼儿的身体及神经系统发育。但是,目前我国 3～6 岁儿童运动量严重不足,而电子游戏的介

---

① 相九州:《儿童体适能运动馆市场现状及开发策略分析》(硕士学位论文),南京体育学院 2017 年。
② 张先锋、张宁、许崇高等:《国外体适能研究综述》,载《湖北体育科技》2012 年第 1 期,第 17 - 19 页。
③ 韩继婷:《我国青少年体育管理的组织结构研究》(硕士学位论文),北京体育大学 2016 年。
④ 邵君、孙毅、尹小俭等:《中国日本儿童青少年体质量指数与体能指数的关系》,载《中国学校卫生》2019 年第 11 期,第 1616 - 1619 页。

入使青少年的运动时间减少到难以控制。据调查,有30% 3岁的孩子、50% 4岁的孩子已经接触电子游戏,此外,小学高年级学生几乎都玩电子游戏,且玩电子游戏的时间随年级增长而增加,即使幼儿园的孩子每天玩电子游戏的时间也将近50分钟。

2. 政府规划对提高青少年体质提出诸多要求

幼儿时期是人类生长最为迅速的时期。在此时期,幼儿的身体、心理以及智力等方面的健康发展不容忽视。随着国家的发展、社会的进步,幼儿阶段的体质健康逐渐受到人们的关注。

国家体育总局、教育部、中央文明办、发展改革委、民政部、财政部、共青团中央7个部门联合印发的《青少年体育活动促进计划》是政策层面应对青少年体能问题的又一举措。根据《青少年体育活动促进计划》设定的目标,到2020年,广大青少年体育参与意识普遍增强,体育锻炼习惯基本养成;青少年体育组织类型不断丰富,规模不断扩大,布局更加均衡,服务与发展能力明显加强。[①]

国务院2016年印发的《"健康中国2030"规划纲要》,要求各地组织实施青少年体育活动促进计划,明确提出到2030年,国家学生体质健康标准达标优秀率为25%以上。

孩子是国家的希望、民族的未来,实现国家振兴必须从幼儿阶段抓起。《幼儿园工作规程(2016年版)》指出,幼儿园保育和教育的首要目标是:"促进幼儿身体正常发育和机能的协调发展,增强体质,促进心理健康,培养良好的生活习惯、卫生习惯和参加体育活动的兴趣。"《幼儿园教育指导纲要(试行)》强调,"幼儿园必须把保护幼儿的生命和促进幼儿的健康放在工作的首位"。《幼儿园管理条例》和《幼儿园工作规程》都明确规定了幼儿教育的任务是培养"体、智、德、美诸方面全面、和谐发展的一代新人"。不难看出,在《幼儿园管理条例》规定中,幼儿体育排在了智、德、美的前面;而在《幼儿园教育指导纲要》规定幼儿园的"健康、语言、社会、科学、艺术"等5个领域教育内容中又把"健康"放在第一位,这充分说明体育在幼儿园教育中的重要性。

教育部在《幼儿园工作规程》第三条中指出,幼儿园的任务是实施保育和教育相结合的原则,促进幼儿德、智、体、美的全面发展,同时在第五条明确提出幼儿园保育和教育的目标是:"促进幼儿身体机能的正常发育和协调发展,增强幼儿的体质。"因此,要实现国家的繁荣昌盛,我们必须将幼儿体质放于首位。

---

① 赵海宁:《〈青少年体育活动促进计划〉视域下青少年体质健康水平提升路径探析》,载《青少年体育》2020年第4期,第25–26页。

3. 青少年体适能培训市场潜力巨大

随着人们对健康理念的深入认识,健康体适能将被越来越多的人所接受,幼儿健康体适能将有很大的发展空间。

近年来,家长们越来越重视素质教育,体育培训已经超过美育类成为新风口。而得益于政策加持,儿童体适能行业在家庭消费刚需驱动下正迎来井喷式增长。

据不完全统计,2017年年底,全国主营或配套儿童体适能运动的机构已达500家以上,并正以100%的年增长率翻倍增加。目前,体适能运动的主要业态是运动馆、健身房、工作室、球馆、道馆、早教机构等。

(二)儿童体适能研究热点

当前,随着儿童体适能理念的广泛传播,儿童体适能培训课程日益普及,儿童体适能相关研究也日益增多。研究主要集中在以下三个方面。

1. 儿童体适能测试手段及方法研究

刘菲对大陆和台湾学童体适能水平进行比较研究发现:大陆和台湾学童体适能水平的平均值都处在合理的范围内,学童的身体形态发育正常;台湾学童除身高和体重值优于大陆学童外,柔韧适能、肌肉适能、心肺耐力适能都优于大陆学童。[1] 李思敏的研究表明,幼儿园是否开设体适能课程,对学龄前幼儿体适能指标的测量结果影响并不太大(无显著性差异)。[2] 车国瑞对成都地区双流区幼儿园3～6岁不同年龄儿童组测量4～6项不等的体适能指标,结果显示大龄幼儿的体适能各项数据明显优于小龄幼儿的数据,也即提示体适能水平随着年龄的增加而提高。[3] 武海潭选取了身体成分指标(BMI、PBF、WHR)、肌肉力量指标(立定跳远、握力)、肌肉耐力指标(1分钟仰卧起坐)、柔韧度(坐位体前屈)以及心肺耐力指标(肺活量)对少年儿童进行健康体适能测试。[4]

2. 不同运动提升儿童体适能的研究

冯娜对苏州市幼儿园184名大、中、小班的幼儿进行了为期3个月的实验干预,结果显示实验后测实验班和对照班幼儿的身体素质各项指标都有显著性差异

---

[1] 刘菲:《两岸小学体育课程对学童体适能发展之比较研究》(硕士学位论文),华中师范大学2014年。
[2] 李思敏:《澳门园本体育课程的研究》(博士学位论文),上海体育学院2008年。
[3] 车国瑞:《对成都地区双流县幼儿体适能现状的研究》(硕士学位论文),成都体育学院2012年。
[4] 武海潭:《体育课不同运动负荷组合方式对少年儿童健康体适能及情绪状态影响的实验研究》(博士学位论文),华东师范大学2014年。

（$P<0.05$），由此得出结论：体育游戏对幼儿的速度、柔韧性、爆发力、力量素质、灵敏性等都有促进作用。①

王晶晶采用了文献法、实验法、数理统计法对幼儿的身体机能进行了研究，得出参加健美操锻炼的幼儿的身体素质比不参加的增长快且增长幅度大，主要体现在柔韧性和协调性这两个方面，对幼儿力量的影响效果不明显的结论。②

Caldwell H A, Proudfoot N A, King-Dowling S 指出幼儿早期的健康状况很大程度上受体育活动的影响，并且针对早期的健康促进举措和规划鼓励所有的儿童参与体育活动。③

Barnett L M, Salmon J, Hesketh K D 对学龄前儿童的运动能力和身体活动做了相关研究，研究结果表明身体活动和运动能力在一定程度上呈正相关，即身体活动时间越充足，运动能力就越强。④

综上所述，很多学者已经开始关注幼儿群体，已有很多体育游戏、体操等对幼儿体质方面的研究文献，并且都取得了一定的实验效果。

3. 幼儿健康体适能教育产业的研究

随着青少年体适能教育的快速发展，对幼儿健康体适能的研究也渐成热点。金国文运用SWOT分析方法，对幼儿健康体适能教育产业环境开发状况和特点进行分析，针对我国3~6岁学龄前幼儿健康体适能发展的现状进行初步研究，分析目前我国3~6岁幼儿健康体适能教育产业发展的主要优势和劣势，以及面临的外部机遇和挑战。⑤钟小宁以HF公司从事青少儿体适能培训项目作为案例进行研究，围绕人力资源管理、培训课程专业性、市场营销、企业运营资金管理4个方面，客观理性地看待自身发展现状及问题，运用PEST分析法和SWOT分析法对企业外部经济环境和内部优劣势、机会与威胁进行了深入分析。⑥

（三）儿童体适能发展路径

儿童体适能的发展路径要由点及面，有重点、有顺序地开展。

---

① 冯娜：《体育游戏对幼儿身心发展影响的实验研究》（硕士学位论文），苏州大学2013年。
② 王晶晶：《运动减肥对肥胖青少年身体形态、血液生化指标和心率的影响》，载《上海体育学院学报》2009年第6期，第58-66页。
③ CALDWELL H A, PROUDFOOT N A, KING-DOWLING S. Tracking of physical activity and fitness during the early years. Medicine and Science in Sports and Exercise, 2016, 28（1）：92-96.
④ BARNETT L M, SALMON J, HESKETH K D. Child, family and environmental correlates of children's motor skill proficiency. Applied Physiology Nutrition and Metabolism, 2016, 41（5）：504-510.
⑤ 金国文：《教育产业环境的SWOT分析》，载《浙江体育科学》2014年第6期，第78-95页。
⑥ 钟小宁：《青少儿体适能培训在中国市场的运营及创新发展的研究》（硕士学位论文），广东外语外贸大学2017年。

"点",即儿童健康体适能诊断、评估与运动处方发展。从儿童生长发育的基本规律来看,0～12岁是儿童体适能发展的黄金时期,该时期的发展有很强的阶段性、程序性、速度不均衡性等特点。我们须掌握儿童生长轨迹及发展关键期,运用各种方法科学构建儿童的身体形态、身体机能和身体素质等综合测试与诊断系统;对测试数据进行综合分析,评估儿童身体各系统发育情况;基于儿童生长发育规律,开具运动处方。

"线",即儿童技能体适能的特色运动项目开发研究。特色项目开发、素质拓展、健康管理等研究,在健康发展领域实践操作性很强,与小学教育、体育教育专业契合度高,后期易于转化成学科的核心竞争力。可基于速度、力量等身体素质,研究开发适合儿童的特色运动项目,如软式飞盘、趣味田径等,也可基于心理及社会适应能力进行素质拓展及体育游戏开发。

"面",即儿童体适能的教学推广和社会服务研究。与儿童体适能发展相关的社会服务需求度高,体适能课程的开发、以身心健康和社会适应为核心的综合素质拓展方案研究、健康管理等都是实践操作性很强的领域,有利于打造行业名师,推进儿童体适能培养课程体系的研究与开发,加强儿童体适能教学用具的开发与推广以及儿童体适能的社会培训服务。

三、儿童体适能课程设计

儿童体适能课程既不同于体育游戏也不同于体育(项目)课,除了娱乐身心,更重要的目的是抓住儿童身心发展的敏感期,促进他们适应能力的提高,包括心智及体能,为他们将来融入社会打下良好的基础。

例如,幼儿时期是平衡协调能力发展的敏感期,如果单纯地要求孩子走过平衡木,有些孩子不能完成并不是因为他们的身体不具备这样的能力,而是他们在心理上没有这样的准备。这时候,如果通过激励的方式,设计消防员去救火的故事情境,让孩子们由崇拜到模仿,从而勇敢地完成走平衡木这一活动,则既能在心智上锻炼孩子的勇气,又能在体适能上锻炼孩子的平衡感。完成任务之后的成就感能让孩子在今后面对挫折时勇于挑战自我。

又如,近些年时有发生儿童因为打闹嬉戏而遭汽车碾压的悲剧。首先,除去监护人的职责,这是儿童缺少秩序教育的反映(不清楚可以玩耍的区域在哪里);其次,是儿童观察能力弱的反映(不能多方向观察周围环境);最后,是儿童掌控、判断速度的能力(包括平衡、协调能力)弱的反映(对什么时候跑、什么时候停、跑多快、在哪里停等信息的处理能力不足)。除了安全教育课,这些内容完全可以用生动的体适能训练的方式进行强化。

（一）儿童体适能课程的功能

儿童体适能课程的功能是促进儿童身体发育，建立正确的动作模式，避免损伤。在儿童早期教育中，社会关系的培养方式之一就是群体性活动，以能让他们更好地适应社会。体适能的训练可以让儿童习得规则，学会通过自己的努力去赢，也学会如何"有尊严"地输。体适能的锻炼可以让儿童增强体质，提高免疫力。运动习惯的养成也有助于减少肥胖、近视等现象的发生。

（二）儿童体适能课程设计的基本原则

1. 符合儿童身体发育规律

中国儿童、少年年龄段可划分为婴儿期（出生至1岁）、幼儿期（1～3岁）、学龄前期（3～6岁）、学龄初期（7～12岁）、学龄后期（13～17岁）。

2. 符合儿童心理特点

体育的育人功能不仅是增强体质、促进运动技能发展，还在于有助于塑造心理健康品质。尤其是3～6岁的幼儿群体，该时期是人大脑生长发育、神经网络搭建塑造最为活跃、可塑性最强的阶段。学龄前儿童的性格是在与周围环境不断互动的过程中逐渐形成的，具体表现在合群性、自制力、独立性和活动性这4个方面。在体适能课程设计中，应该考虑到环境、器械、场地的创设；在教学中，应遵循多鼓励、少干预、自适应的原则。

3. 形式多样、内容有趣可充分调动儿童积极性

由于幼儿的神经发展水平不停变化，并且这样变化发展的速度很快，他们对于外界的刺激非常敏感。幼儿的兴趣培养很容易，但是他们的专注力有限。教师要使用多种教学方式来吸引孩子的注意力，尽量避免单一重复且负荷过大的运动或游戏，更需要警惕和杜绝过早"专项化"练习。

4. 根据素质敏感期有针对性地进行训练

只有基本动作、动作模式、动作和运动技能三者有序地融合、发展，才能带给孩子更好的运动表现。3～4岁儿童发展里程碑粗大动作技能表现为，能够使用双脚跳、骑步跳蹦和单脚站立几秒钟、上手投掷球、独立上下楼梯等；精细动作技能表现为，复制正方形、描画人体的2～4个部分、使用剪刀、画圈和正方形等。5～6岁发展里程碑粗大动作技能表现为，能在平衡木上用一只脚的脚尖挨着

另一只脚的脚后跟交替向前行走、能跳绳、能随着绳子晃动而蹦跳等；精细动作表现为用3根手指（拇指和其他两根手指）握捏铅笔写字、能用剪刀剪切基本的形状等。

5. 强调动作模式，为长远发展打好基础

在体适能教学中，课程设置应遵循幼儿生理发育原则（运动系统结构和功能）而设置。纵向：从头到脚部，身体平衡与操作。横向：从身体中间到周边肢体控制、核心稳等。层次：由深层肌肉向表层肌肉动作控制和运动链效应（稳定与灵活、动作速度与位移速度）。大小：从大肌肉群到小肌肉群，粗略与精细动作和技能发展与学习。功能：从伸肌肌肉系统到屈肌肌肉系统、从体姿稳定和支撑体重到参与重复或有节律的身体活动。

6. 个体化运动处方

儿童的个体差异性是比较大的，由于身体发育和智能发展的差异，运动项目和能力评估要作为前期的考查目标。其目的是在科学的评估下，确定孩子身体技能发展的水平。根据发展水平的高低，应选择适合的运动项目，或是在同一个运动项目当中选择进阶或退阶。

（三）儿童体适能课程的基本内容

基于学校体育环境，可以把体适能分为两类：与健康有关的健康体适能和与运动能力有关的运动体适能。运动体适能又可分为与一般基本运动能力有关的一般运动体适能以及和运动项目有关的专项技术体适能。就健康体适能来说，主要是指学生能够适应学习生活，有能力享受课外活动，又可应付突发紧急情况的身体能力。就运动体适能来说，主要是指学生在课外活动时间能够从事各项活动所需要的一般运动能力，包括速度、爆发力、敏捷性、协调性、平衡力、反应时间、准确性等要素。

专项技术体适能则是指参与每一运动项目的特殊的运动技能要求。学校的体育教育应该在确保健康体适能的基础上，尽量拓展运动体适能的教育，两者有机结合才能促进体适能全面而有效地发展。

人的身体素质部分是受遗传的影响，但后天的锻炼对身体素质有着极其重要的作用，尤其是在孩子身体还未发育完全时，更要通过合理而有效的锻炼方式提高孩子的抵抗能力，为孩子的成长打下良好的基础。体适能运动区别于其他运动的优势体现在身体与环境的关系上，对身体适应生活变化与环境变化的能力有着重要作用。研究表明，3～6岁儿童的生理、心理及神经系统都发生着快速的变化，这一时期是他们生长发育的绝佳时机。此时，可以通过游戏、聚会、亲子运动等方式

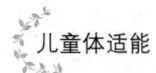

帮助儿童做一些体适能运动，这样可以提高儿童的心智、反应能力、抗击能力等。

在一些有条件的幼儿园，可以给儿童提供更大的运动空间。教育是一种潜移默化的力量，让孩子接触更多的伙伴，能够激发他们学习、探索、运动的活力，开发他们的智力、创造力，在与老师和同学的相处中，更有利于锻炼他们的灵敏性、平衡性、协调性、爆发力、反应速度等。

总之，体适能运动有助于儿童的身心健康发展，家长和幼儿园都应该重视这一方面的培养，并采取有效措施把体适能运动落到实处。

第二章

学龄前儿童的生理特点

一、学龄前儿童运动系统的生理特点

儿童的学龄前时期是由个体婴幼儿向儿童少年过渡发展的一个特殊时期。这一时期是神经系统开始快速发育的时期。

(一) 运动系统的构成

运动系统 (skeletal system) 是由骨、骨连结和骨骼肌 3 种器官组成。骨以不同形式联结在一起，构成骨骼，形成了人体的基本形态，并为肌肉提供附着处。在神经系统支配下，肌肉收缩，牵拉其所附着的骨，以可动的骨连结为枢纽，产生杠杆运动。运动系统的第一个功能是运动。简单的移位和高级活动如语言、书写等，都是由骨、骨连结和骨骼肌实现的。运动系统的第二个功能是支持，骨骼构成人体的基本形态，包括头、颈、胸、腹、四肢，用来维持体姿。运动系统的第三个功能是保护，由骨、骨连结和骨骼肌形成多个体腔，包括颅腔、胸腔、腹腔和盆腔，用来保护脏器。从运动角度看，骨是被动部分，骨骼肌是动力部分，关节是运动的枢纽。能在体表看到或摸到的一些骨的突起或肌的隆起，称为"体表标志"。它们对定位体内的器官、结构等具有标志性意义。

(二) 学龄前儿童运动系统的生理特点

1. 幼儿骨骼的特点

幼儿的骨还没有完全骨化（骨的生长为骨化，骨的质化为钙化），软骨成分较多，骨较细短，软骨不断地增生新的骨组织使骨伸长，骨骼生长迅速。骨膜内的成骨细胞也不断增加，使骨增粗。幼儿骨膜较厚，血管丰富，骨组织的新生和吸收较活跃。骨膜最内层细胞（成骨细胞）有造骨机能，对幼儿时期骨的生长以及骨的再生有重要作用。幼儿期以前为红骨髓，造血机能特别强。幼儿脊柱、椎骨之间的软骨层特别发达，若幼儿体位不正或长时间一侧紧张等均会引起脊柱变形。幼儿关节的臼窝较浅，附近的韧带较松，周围的肌肉也较细长。幼儿关节的伸展性及活动范围虽比成人大，但关节的牢固性较差，因而在外力作用下，如果用力过猛、悬吊或不慎摔倒，都会引起脱臼。

2. 幼儿骨的化学成分特点

骨的化学成分包括有机物和无机盐。成人骨中有机物占骨质总量的三分之一，主要是蛋白质，它使骨具有韧性和弹性；无机盐占骨质总量的三分之二，主要是钙、磷的化合物，它可使骨坚硬。二者相结合才使骨既坚硬而又有一定的弹性。幼儿的骨中含有机物多、无机盐少，因而骨的硬度小、弹性大、可塑性强，容易变形。

3. 幼儿骨骼肌的特点

幼儿肌肉正处在生长发育时期，肌肉嫩而柔软，肌纤维较细，间质组织相对较多，肌腱宽而短；幼儿年龄越小，肌肉中所含的水分越多，而蛋白质、脂肪、糖及无机盐的比率则相对成人较少。幼儿肌肉的收缩能力差，能量储备较少，因而活动后容易疲劳和损伤，但幼儿代谢旺盛，疲劳的肌肉恢复得要比成人快。幼儿各肌肉群的发育是不平衡的，大肌肉群发育较早，而小肌肉群（如手指肌、腕肌）发育较晚。

二、学龄前儿童循环系统的生理特点

（一）循环系统的构成

循环系统（circulatory system）是分布于全身各部位的连续封闭管道系统，包括血液循环系统和淋巴系统。

（二）学龄前儿童循环系统的生理特点

1. 血液

幼儿年龄小，血液量与体重之比相对比成人多。

幼儿血液中含水分较多，含凝血物质（如纤维蛋白原和无机盐类）较少，因此，幼儿出血时血液凝固得较慢。如新生儿出血需8~10分钟才能凝固，幼儿需4~6分钟才能凝固，成人仅需3~4分钟即可凝固。幼儿血液中红细胞含血红蛋白的数量较多，并有强烈的吸氧性，有利于幼儿的新陈代谢。

幼儿血液中白细胞的数量和成人差不多，但对机体防御和保护机能较强的嗜中性白细胞较少，加上防御和保护机能较差的淋巴细胞较多，因此，幼儿时期对

某些传染病的感受性较高。幼儿要特别加强对传染病的预防。

2. 心脏

幼儿心脏体积相对比成人大，发育很迅速。5岁儿童心脏的重量比新生儿心脏重4倍。心脏肌肉层的厚度较成人薄，心脏的容量较小，每次排血量较少，因而心脏的负荷力较差。

在正常情况下，人的心率和脉搏是一致的。年龄越小，心率越快。不同年龄心脏每分钟收缩次数不同。婴儿期为100～200次/分，幼儿期为100～140次/分，学龄前期为80～120次/分，学龄初期为70～120次/分，学龄后期为60～100次/分。幼儿的脉搏极不稳定，易受各种内外因素的影响（如进食、运动、惊吓、哭闹、发热等）。若幼儿平时脉搏无故显著增加，则要加以重视，及时处理。

3. 血管

儿童年龄越小，血管壁越薄、血管弹性越差。儿童血管内径相对成人较宽，毛细血管非常丰富，因而血流量大、供血量充足，这有利于幼儿的生长发育。

4. 淋巴系统

幼儿淋巴系统发育较快，淋巴结防御和保护机能较显著，因而幼儿常有淋巴结肿大现象，尤其是扁桃体发炎更为常见。

三、学龄前儿童呼吸系统的生理特点

（一）呼吸系统的构成

呼吸系统（respiratory system）是人体与外界环境进行气体交换的器官系统，气体的通道有鼻、咽喉、气管、支气管，以及进行气体交换的器官——肺。鼻、咽喉和气管等统称呼吸道，支气管以下则称为下呼吸道。此外，胸膜和胸膜腔是呼吸的辅助装置。呼吸道的特点是具有软骨支架，黏膜上皮具有纤毛，以保证气流畅通和排出尘埃或异物。人体在新陈代谢过程中不断消耗氧气，产生二氧化碳。

（二）学龄前儿童呼吸系统的生理特点

呼吸系统由鼻、咽、喉、气管、支气管、肺组成。其功能是执行机体与外界的气体交换，即吸入氧气，排出二氧化碳。

幼儿呼吸器官的基本特点是组织娇嫩，黏膜有丰富的血管和淋巴管，易感染或损伤。

幼儿胸廓狭小，呼吸肌较弱，肺容量小，肺活量也小。但幼儿代谢旺盛，对氧气的需求量相对较多，幼儿年龄越小，呼吸频率越快。婴儿期为30～60次/分，幼儿期为24～40次/分，学龄前期为22～34次/分，学龄初期为18～30次/分，学龄后期为12～16次/分。

四、学龄前儿童消化系统的生理特点

（一）消化系统的构成

消化系统（digestive system）包括消化道（口腔、食道、胃、肠）和消化腺（唾液腺、胰腺、肝脏）两部分。其功能是将人体摄取的食物消化吸收，把营养物质吸收到血液中，供机体生命和生理活动需要。

（二）学龄前儿童消化系统的生理特点

（1）幼儿口腔黏膜细嫩，乳牙易被腐蚀。同时，幼儿又处于换牙时期，要特别注意口腔清洁。

（2）幼儿胃容积小，消化酶和胃酸比成人少，因而消化能力比较弱，消化道的功能不稳定，适应性差；分布在肠壁上的绒毛数几乎和成人相等，这有利于对营养物质的吸收。

（3）食物过量、受冷受热、情绪不安、惊吓、疾病等都易影响幼儿消化系统的正常功能。

五、学龄前儿童感觉器官的发育特点

（一）感觉器官

人们对世界的认识，始于感觉。感觉器官接受外界环境和身体内部的各种刺激，产生神经冲动，传入中枢神经系统，进行一系列的分析与综合，产生感觉。因此，在协调机体活动和认识客观世界中，感觉器官起着重要的作用。感觉器官

包括视、听、嗅、味和皮肤觉。

（二）学龄前儿童感觉器官的发育特点

1. 视觉器官（眼）

幼儿的眼球呈扁形，眼球的前后轴较短。随着年龄的增长，眼球体积逐渐增大，前后径随之延长，到10岁左右由远视渐为正视。眼球的发育到20岁才能完成。幼儿视力较成人敏锐，幼儿的辨色能力弱，但不断在加强。眼睛是智慧之窗，要像保护生命那样保护眼睛。例如，幼儿园要注意科学采光，幼儿看书、写字、绘画、看电视等时间不宜过长，教室每两周（或一周）进行一次座位的调换，还要通过多种活动培养和发展幼儿的辨色能力。

2. 听觉器官（耳）

儿童听觉器官至12岁才发育完全。小儿耳咽管较成人短而宽，且较平直，故咽部感染易沿咽鼓管侵入鼓室而引起中耳炎。我们要保护好耳的机能，禁止用锐利的工具给幼儿挖耳垢，以免损伤鼓膜和外耳道。为预防中耳炎，首先要保持鼻、咽腔的清洁，预防感冒。当听到巨大的声音时，要捂耳、张口，防止强音震破耳膜，影响听觉。另外，还可以通过多种活动训练和发展幼儿的听觉能力。

六、学龄前儿童神经系统的生理特点

（一）神经系统的构成

神经系统（nervous system）是机体内对生理功能活动的调节起主导作用的系统，主要由神经组织组成，分为中枢神经系统和周围神经系统两大部分。中枢神经系统包括脑和脊髓，周围神经系统包括脑神经和脊神经。

神经系统是由神经元和神经胶质细胞构成的复杂的机能系统，它是心理活动的物质基础。神经元是构成神经系统的基本机能单位。

（二）学龄前儿童神经系统的生理特点

神经系统的发育在胎儿期和出生后均早于其他各系统，尤其是脑的发育最为迅速。3岁左右：脑重约1000克，皮质的抑制机能有所发展，皮质对皮质下中枢的控制和调节作用不断加强，但大脑皮质的兴奋过程与抑制过程不平衡。兴奋过程占优势，抑制过程较差。幼儿有髓神经纤维的髓鞘化过程尚未完成，兴奋易扩散、泛化。因此，此时期幼儿表现得容易激动、易疲劳、注意力不集中。6岁左右：脑重约1200克。大脑皮质神经细胞体积在不断增大，神经元突起的分支增多、加长，从而增加了神经元之间的联系。有髓神经纤维的髓鞘化过程已基本完成，因而当机体接受外界刺激后，兴奋可迅速而又准确地通过感觉器官沿着传入神经传到大脑皮质，形成一个兴奋灶。同时，由于大脑皮质各区域间也增加了暂时神经联系，此时期分化作用明显加强，因此，形成的条件反射比较稳定而且较巩固。大脑皮质的结构和机能尚在逐渐完善，兴奋过程和抑制过程在不断加强，幼儿已能初步控制和调节自己的行为。但由于第二信号系统还不完善，幼儿对直观形象的模仿能力较强，而对抽象概念、逻辑思维能力较差。同时，幼儿小脑也在不断发育，所以能维持身体的平衡及动作的准确性。

学龄前儿童大脑皮层的兴奋性与抑制性不均衡，兴奋占优势、易扩散，兴奋和抑制转换较快、灵活性高。具体表现为活泼好动、注意力不易集中、富于模仿性；易建立条件反射，学习和掌握新动作较快。但由于兴奋易扩散，幼儿做动作时易出现多余动作，动作不够准确、协调。也就是说，幼儿建立条件反射较快，消退得也快，但重新恢复也快。

学龄前儿童大脑皮层神经细胞工作能力较低，易疲劳，但由于神经细胞的物质代谢旺盛，神经过程的兴奋与抑制转换较快，灵活性高，因此，疲劳感消除得也较快。

第三章

儿童体适能训练中的心理发展

儿童体适能训练不仅能使儿童身体健康，还能对儿童的心理发展产生积极的影响。这主要体现在以下几个方面：能培养儿童吃苦耐劳、坚忍不拔的意志品质，培养儿童勇敢顽强、坚持不懈的作风，保持儿童积极向上的心态；能使儿童心情舒畅、情绪稳定，减少儿童抑郁及焦虑情绪，使儿童充满活力；能培养儿童合作与竞争意识，增加沟通及交往能力，提高团队合作意识和团队协作能力。

儿童是教学活动的对象，是训练活动的主体。儿童的心理特点既是训练与教学活动的起点，也是训练与教学活动的目的。要教育儿童，首先必须要了解儿童，了解他们的心理发展特点与规律。

为了提升体适能训练的效果，教师需要了解儿童心理发展的特点与规律，并把这些规律与儿童体适能训练结合起来。

一、儿童心理发展的一般特点

儿童的心理发展是一个连续的过程，是一个从量变到质变的过程。这个过程可以被划分为不同的阶段，即在一定社会和教育条件下，在儿童发展的各个阶段所形成的一般的、典型的、本质的心理特征。

（一）儿童心理发展的一般特点

儿童的年龄特征具有一定的普遍性和稳定性。阶段的相对顺序、持续时间等都基本稳定。因为儿童的心理发展具有一定的规律性，他们掌握知识技能、发展个性品质的过程也受客观规律的制约。另外，儿童心理发展具有一定的个体差异性。儿童年龄特征的稳定性和可变性是相对的，而不是绝对的。

年龄特征对教育工作的启示有：一是教师应根据儿童的年龄特征来安排教学内容，即教学内容应根据儿童心理发展的特征来制定。二是教师应根据儿童的年龄特征来选择教学方法。适合儿童年龄的教学方法可以使儿童迅速、准确地理解和掌握所学的内容，达到事半功倍的效果。三是教师要注意儿童的个别差异，做到因材施教。儿童的心理发展是有一定规律的，但也存在一定的差别。因此，教师在教学中要承认个别差异，做到因材施教。

儿童心理发展还具有连续性与阶段性等特点。人类的发展是一个累加的过程，会在连续发展的过程中产生一连串的突变。每一次突变后，儿童都将进入一个新的、更高的层次，这些层次可用阶段性发展曲线来表示。

教育工作者应尊重儿童。教师应将儿童看作有自己的气质特征、性格特点、兴趣、爱好，以及有探究性的独立的个体。教师应重视鼓励和表扬，重视开发儿童的"优势领域"，充分发挥儿童自身的积极性和主动性。

教师掌握儿童心理发展特点的作用有，一是可以准确地了解儿童，对儿童训练中出现的困难和问题追根溯源，并且改进教学方法，促进儿童训练成绩的提高和综合素质的提升。二是为实际教学提供科学的理论指导。儿童心理发展特点与规律为体适能教学和训练提供了一般性的原则和技术。教师可结合实际的教学内容、教学对象、教学环境等设计课程。例如，利用动机水平等手段来培养和激发儿童的训练动机；依据知识训练规律，可以在教学内容的选编、教学程序的安排等方面采取措施来促进儿童对知识的理解、建构与整合；依据儿童的个性与社会性发展规律，促进儿童自我意识的发展、道德品质的形成，帮助儿童建立良好的人际关系，维护儿童心理健康。三是帮助教师分析、预测并干预儿童的行为。

（二）儿童心理发展的差异及教育

儿童心理发展有着共同的年龄特征，每个儿童又各有特点。教育工作者既要依据儿童的年龄特征进行集体教育，又要考虑儿童心理发展而进行因材施教，这样才能收到最佳的教育效果。

1. 儿童智能发展的差异及教育

儿童智能包括一般智能和特殊智能。一般智能是指完成各种活动需要的智能，如观察力、思维力和记忆力等，也称智力。特殊智能是指完成某种专业活动必须具备的智能。在特殊智能方面，儿童之间的差异表现得更为明显。教师要承认这些差异，并针对这些差异进行教育，使每个儿童的智能都得到充分的发展。

同一年龄阶段的儿童，智能发展水平一般呈正态分布，智力特别突出和特别落后的是少数。教育的着眼点应放在大多数智力中等程度的儿童身上，根据他们的水平进行教育。

2. 儿童人格发展的差异及教育

同一年龄阶段的儿童，其人格特征是有差异的。这种差异体现在兴趣爱好、能力、气质类型、性格倾向等多个方面，这些统称为人格。

一个人的人格特征具有很大的稳定性。教育中若照顾到儿童人格类型的特点，采取恰当方法，就可以有预见地、有针对性地帮助各种气质类型的儿童，发展积极品质，防止消极品质的产生，就可以把教育儿童的工作做得更加顺利、有效。

例如，有些儿童比较固执，若他们拒绝接受某个观点，教师就不必强制，而要采取启发或事实感化等迂回方式去说服他们；有些儿童比较敏感，不能在公开场合对其点名指责；有些儿童犯了错，当众予以批评可以收到积极的效果；有些儿童难以忍受强烈的刺激，当众指出他们的缺点，容易使他们灰心丧气，失去自

信心。

针对儿童不同人格特征，教师应采取灵活多样的教育方法，培养儿童的优良性格特征，并克服不良性格特征。例如，乐于助人却办事马虎的儿童，教师可以通过有意识委托他们帮助集体办事等方式，使他们养成一丝不苟的认真态度和坚忍的意志品质；自卑或自暴自弃的儿童，教师不宜苛责，应通过启发、暗示、表扬等方法，让他们看到自己的优点，增强自信心；自尊心强或自高自大的儿童，教师不能一味夸奖，批评时应顾及情面，留有余地，既要保持他们的上进心，又要设法使他们在失败中看到自己的缺点和不足；倔强的儿童可以力求其心平气和，避免情绪化。

3. 儿童性别心理的差异及教育

同一年龄阶段的儿童，存在性别心理的差异。男女两性存在智力发展上的差异。幼儿期，女性智力略优于男性；小学阶段，女性智力优于男性；青春期，男性智力逐渐优于女性。男女两性智力差异的年龄倾向反映了男女两性在智力总体上的平衡性。

男女两性存在智力发展上的不同优势。感知能力方面，男性的视觉能力特别是视觉的空间能力明显优于女性；女性的听觉能力较强，特别是对声音的辨别和定位。记忆能力方面，男性理解记忆和抽象记忆较强，女性的机械记忆和形象记忆较强。思维方面，男性偏于逻辑思维，女性偏于形象思维。女性的言语能力胜于男性。总之，男女两性在不同年龄阶段各占优势，在智力的构成因素上也各有优势。

儿童性别差异是在遗传基础上，在环境和教育下形成的。在外界影响下，男女逐渐形成性别的角色观念。儿童性别差异是客观存在的，也是不可能消失的。这要求教师承认这种差异，正视这种差异，可以看到男女两性心理发展上的优势和劣势，并通过各种有效措施，使男女两性心理得到健康发展。

（三）不同阶段儿童的心理特点及教育

1. 3～6岁（学龄前期）儿童的心理特征及教育

3～6岁的儿童具有强烈的好奇心。他们对新鲜的物体、情景和问题有浓厚的兴趣，能以认真的态度去做事，并且有试着做的愿望。3岁儿童社会性交往关系已不限于亲人之间，而是扩展到和同伴的关系上。

行为受情绪支配，有强烈的依恋情感，这是儿童情感发展的一种正常表现。他们喜爱模仿，模仿的多是一些具体的、外部的活动或动作。所以，教师要特别注意树立模仿榜样，尤其要注意家长和教师自身的言谈举止。

游戏是学龄前儿童的主要活动。他们对由成年人指导的训练活动很感兴趣。他们能较有意义地注意听和看,并能按成年人的要求思考和完成一定的联系活动。思维仍以具体形象思维为主,但抽象逻辑思维已经明显地发生改变了。他们已经能进行一些更加概括的思维和逻辑抽象的思维活动。例如,他们可以从多角度对物体进行分类,可以有意地控制和调节自己的活动,有意行为增多对儿童入学后训练和独立生活都是必要的准备。

个性初步形成。5岁以后儿童的荣誉感、自卑感、羞愧感、嫉妒心、好强心等都比以前年龄更加明显、更加显露。儿童在群体中怎样摆正自己、怎样估计自己、怎样对待自己等,都已经有了初步的倾向。性格特征已有明显差异,开始表现出顺从的、冲动的、懦弱的、好表现的、攻击的、内向的、外表的以及依赖的等各种不同性格特征。在能力方面,无论是运动、操作、智力,还是一般能力、特殊能力等等,由于先天的遗传和后天的环境教育等因素的综合作用,儿童能力已经表现出差别性。这种能力方面的不同特征,就构成了儿童个性差别的一个显著标志。

根据3~6岁儿童的特点,在体适能训练中可以做到以下五点。

一是在游戏中发展儿童的认识能力。教师可将儿童需要训练的技能和知识编成游戏,在儿童训练的过程中让他们自然地认识这些事物;引导儿童进行各种发展认识能力、运动能力、语言能力和判断能力的游戏,在游戏中促进儿童各方面的发展。

二是发展儿童的人际交往能力。在体适能训练中,培养儿童与他人相处、合作沟通的能力。

三是注意引导儿童观察周围生活,以增长他们的知识和认识能力。在观察活动中可以不断地增长见识,同时发展儿童的注意、记忆、思维、想象、语言五种认识能力。

四是发展儿童的表现力和创造力。4岁儿童活泼好动,有一定的独立能力,富于想象,这些都是发展表现力和创造力的基础。成人对儿童的表现与创造活动要给予适当的指导和帮助,但不宜过多,更不要代替。

五是正确对待儿童的"反抗行为"。对待儿童出现的反抗行为重要的是理解,教师要尽量多地创造一些条件满足儿童做多种活动的要求,使他们有事可做。一旦发生了反抗行为,教师不要急躁,更不要对抗,要耐心询问,设法创造条件去满足。

2. 6~12岁(学龄期)儿童心理特征及教育

学龄儿童的心理特征是小学各科教学的依据。教师只有掌握了学龄儿童心理特征,并据此开展教育训练活动,才能取得良好的训练效果。

小学时期是儿童言行、动机与行为比较一致,道德知识开始系统化,并形成相应的行为习惯的重要时期。随着教学内容抽象性增加，学龄儿童逐渐运用概念进行思维，这促使他们的思维开始从以具体形象思维为主要形式逐步向以抽象逻辑思维为主要形式过渡。所以，小学时期是发展儿童和谐个性、良好品德和社会性的最佳时机。

（1）学龄儿童的注意品质。小学低年级儿童的认识活动非常依赖无意注意。在教学中，初入学的儿童的注意状态取决于教学内容的直观性和形象性，刺激物只要是生动的、新异的，就能引起他们的注意。随着儿童大脑发育的成熟，教师应对儿童提出加大训练的要求。这样，小学中、高年级儿童的有意注意就会逐步发展起来，并最终占据主导作用。学龄儿童注意稳定性随年龄的增长而提高。学龄儿童注意分配能力随着年龄的增长而提高，注意转移能力随年龄的增长而迅速发展。教师需要将小学低年级儿童的注意吸引到课程的训练上来，帮助他们养成迅速转移注意的习惯。学龄儿童注意转移能力存在着性别差异：男生发展速度比女生快。

（2）学龄儿童认知的发展。小学阶段，儿童的运动知觉都在发展中，发展速度与训练直接相关。运动知觉包括大肌肉运动觉和小肌肉运动觉。学龄儿童的记忆特点是由无意识记为主向有意识记为主转化，由机械识记为主向意义识记为主转化。学龄儿童思维发展的特点从以具体形象思维为主要形式逐步过渡到以抽象逻辑思维为主要形式。

（3）学龄儿童情绪情感的特点和调节。学龄儿童的情绪有很大的情境性，容易受具体事物、具体情境支配。学龄儿童特别是低年级儿童的情感稳定性比较差。随着儿童知识经验的丰富、抽象思维能力的发展以及自我意识水平的提高，他们情绪的稳定性逐渐增强。小学中、高年级，同伴之间不会因为一点小事就感情破裂，也不会因训练上的成败表现出强烈而持久的情绪反应。学龄儿童情感不够丰富、深刻、稳定，情绪调控能力较低，教师要采取有效措施，促使儿童情感向更高水平发展。

（4）学龄儿童的人际关系。良好的人际关系也是学龄儿童心理发展的基本条件。在此阶段，父母与儿童的交往时间明显减少，儿童越来越多地自己做决策。同伴关系更加自由、平等，儿童的友谊关系开始具有一定的稳定性。同时，儿童倾向于选择与自己的兴趣、习惯、性格和经历相似的人做朋友。学龄儿童自发形成的非正式群体影响的作用较大。因此，教师要正确认识班集体中的非正式群体，并进行积极引导。良好的师生关系是促进教师教与儿童学的动力。学龄儿童对教师充满了崇拜和敬畏，教师的要求比家长更有威力。随着年龄的增长，儿童的独立性和评价能力也随之增长：二、三年级的儿童把教师是否公正放在首位；三、四年级的儿童，除公正外，更能从较为概括的水平上客观评价教师的工作；五、六年级的儿童开始注重教师的人品、精神面貌，并力图对教师做全面的了解。

（5）学龄儿童的个性与社会性发展。学龄儿童的个性与社会性发展水平反映了他们"做人"的特点。低年级儿童自我描述是比较具体的外部特征，高年级儿童则试图根据品质、人际关系以及比较抽象的、内部的特征来描述自己。随着年龄的增加，儿童对他人、对自己的认识进一步加深，个性和社会性得到进一步发展。儿童对教师的态度是随着年龄的增长而不断变化的。因此，教师应注意自己的交往技巧，以适应不同年龄的儿童。总之，教师要充分地认识到儿童的身心发展是一体的，在关注儿童体能发展的同时，还要关注儿童的心理状况。教师只有在充分了解儿童的心理特点和规律的基础上进行儿童体适能训练，才能收到良好的训练效果，从而促进儿童身心的全方位发展。

二、儿童体适能训练中常见的心理干预

通过儿童体适能训练，可以促进儿童在认知、情感、意志和个性等方面的正常发展，培养儿童健全的人格和良好的社会适应性，维护和增进儿童的心理健康。

（一）常见的心理问题及基本对策

1. 常见的心理问题

自我意识问题，包括自卑、服从、无主动性、消极、依赖、软弱、固执、认死理、冷酷脆弱、情绪波动大、神经质、自卑、敏感、好强、不服输、有较强的挫折感等。

情绪情感问题，包括焦虑、抑郁、急躁，情绪起伏剧烈，情绪自控能力差，以及淡漠、冷淡、不善于情感交流，等等。

人际关系问题，包括人际交往能力比较差，不善于表达情感，缺乏团队精神和合作意识，等等。

动机、兴趣问题，包括对训练内容不感兴趣、害怕困难等。

攻击性问题，包括语言攻击和非语言攻击，如告状、骂人、打人等。这些攻击行为会给他人造成伤害和痛苦，但攻击的幼儿常以此为乐。

2. 基本对策

（1）多观察。儿童的喜怒哀乐易于外化。要想及时了解儿童的困惑，就要多观察他们的情绪变化，因为人的情绪与健康有很大的关系。教师可以通过观察儿童的表情，知道其心情如何；通过观察儿童与同学之间的关系，知道其人际关系如何；通过观察儿童的行为，知道其行为是否异常；等等。只有多观察，才能发

现问题和解决问题。

（2）多倾听。倾听有助于教师了解学生的心理问题。教师只有多与学生交谈，才能知道学生内心的想法，才会了解"儿童眼里无小事"。倾听有助于学生倾诉苦恼，减轻心理负担。

（二）训练动机的激发

对于训练兴趣不足、动机不强的儿童，教师需要激发其动机。教师要相信绝大多数儿童是愿意训练的，是有旺盛的求知欲的。教师的谆谆教导和严格要求是外部的动机，儿童完成训练任务后要有获得感。通过表扬鼓励，可以强化儿童训练的内部动机。

1. 利用反馈信息恰当进行奖惩

反馈可以让儿童及时了解自己的训练结果。反馈可以加强儿童进一步训练的动机，并对训练效果有明显的影响。关于反馈的作用，一方面，儿童根据反馈信息调整自己的训练活动，改进训练策略；另一方面，儿童为取得更大的进步或避免再次犯错，增强训练动机。

教师给儿童提供反馈时应清晰、具体，在提供训练结果反馈信息的基础上，加上定性评价，效果会更明显，这就是奖励与惩罚的作用。此外，教师还应根据儿童的具体情况进行奖励，把奖励看成某种隐含着成功的信息。教师可以通过奖励吸引儿童的注意力，促使其训练动机由外部向内部转化，使他们对训练本身产生兴趣。

2. 积极创设问题情境，激发和维持训练兴趣

问题情境，是指具有一定的难度，需要儿童努力克服而又力所能及的训练情境。

创设问题情境是激发儿童训练动机的有效方法和手段。成功的教学应不断创设问题情境，激起儿童的好奇心、求知欲，激发训练的内部动机。

要想创设问题情境，教师首先要熟悉教材，掌握教材的结构，了解新旧知识的联系；其次，要充分了解儿童已有的认知结构状态，使新的训练内容与儿童已有的水平构成一个适当的跨度。

3. 教师发挥主导作用

教学活动是教师鼓励儿童在一定科学组织安排下有计划训练的活动过程。教师要依据儿童的能力差别对儿童的训练任务科学合理地安排，要鼓励儿童进行自我奖励，让他们感到自豪，这有助于他们创设良好的心理氛围。

（三）儿童人际关系问题与沟通技巧

教师和儿童建立良好的师生关系是训练儿童的重要前提，而关系的建立需要良好的沟通。沟通不仅需要用心，还要注意运用技巧。

1. 沟通原则

（1）尊重儿童是实现有效沟通的前提。尊重是人与人之间进行有效沟通的前提，也是与儿童进行沟通必不可少的条件。尊重儿童就是要承认儿童的人格尊严、倾听儿童的意见、接纳儿童的感受、包容儿童的缺点、分享儿童的喜悦……这份尊重是无条件的，它不取决于儿童的言行表现，而是对儿童的整体接纳（尤其对后进的儿童更要尊重和相信他们的价值和潜能）。尊重儿童，这样，他们才会畅所欲言，才敢与你讲真话、说实话。

（2）了解儿童是实现有效沟通的基础。沟通最主要的一个方式就是聊天。在聊天中，教师要密切观察儿童对哪些事物感兴趣，了解他们最近是否有烦恼，然后就他们的想法和喜好寻找话题进一步交流，这样可激发儿童的兴趣，促进沟通的有效进行。

（3）坦诚是实现有效沟通的手段。坦诚是在沟通中对儿童以诚相待，并向他们敞露内心。在交流中，教师可以和他们谈及自己的工作情况，回顾自己的训练、生活经历，肯定自己取得的成功，承认遭遇的失败，痛惜留下的遗憾；向儿童表达自己的展望和追求，描绘未来的成功与美好，预测可能出现的不测和困境；同时，鼓励儿童充分表达自己的见解。这不仅可以在交流中教育儿童，更重要的是体现了教师与儿童间的平等、尊重与信赖，从而促进沟通中的情感交流。这样，教师就能更容易与儿童搭建沟通的心桥。

（4）找准共同话题是实现有效沟通的关键。和儿童交流要想有收获，关键是选准交谈的突破口。教师要从儿童最熟悉、最感兴趣的话题入手，使他们消除顾虑，打开心扉，包括感情与理想、休闲与娱乐、哲学和历史、科学及社会等在内的儿童感兴趣的话题，都可以谈及。在良好的氛围中，慢慢地增进对儿童的了解，让交流更加顺利。

（5）建立有效的沟通渠道，提高沟通的艺术。根据成功的经验，与儿童沟通的艺术，主要表现在善于倾听、有技巧地提问、有足够的耐心等方面。一是因为倾听是加强沟通的前提。倾听是了解儿童、实现有效交流的最佳方式。倾听的过程是儿童倾诉心声的过程，是教师了解儿童苦乐的过程。青少年尤其需要被倾听、被了解、被接纳。二是儿童的情绪相当不稳定。若教师愿意倾听他们的苦恼，这会让教师更容易走进儿童的内心，并与儿童建立信任，促进有效的沟通。教师在交谈中要表明对话题感兴趣，但不要轻易地打断儿童的叙述。此外，教师要有技巧地提问。提问是教师了解儿童、与儿童交流的重要方式。问的前提是充分尊重儿童、不伤害儿童的自尊心。问的目的是引导、期望或鞭策。所以，教师在交流中对儿童不可问得过多、过细，不能采用审问、质问的态度和口气，而应该是关切地问、轻声地问、委婉地问、暗示地问、提醒式地问。三是要有耐心。由于与儿童在年龄、心理和思想感情等各方面都存在着较大差异，互相理解并沟通需要一个过程，若过于急躁，沟通就会成为泡影，这需要教师在交谈中要有耐心地倾听和引导。性格外向的儿童比较容易沟通，而性格内向的儿童则较难沟通。如果没有耐心，会让儿童产生抵触甚至恐惧心理，沟通也就会失败。因此，在沟通过程中，教师要有耐心，善于引导儿童的兴趣，善于寻找双方的共通点，善于趁热打铁，如此，双方的沟通就较容易成功。

沟通包括语言沟通和非语言沟通，语言沟通包括口头和书面语言沟通，非语言沟通包括声音、语气和肢体动作。最有效的沟通是语言沟通和非语言沟通的结合。不管是语言沟通还是非语言沟通，要想取得有效的结果，均要从心开始。

2. 人际沟通的技巧

（1）非语言沟通技巧。非语言是相对语言而言的。非语言沟通是人类在语言之外进行沟通时的所有符号。非语言信息是通过身体动作、面部表情、仪表服饰、语音语调等产生而传递出去的。非语言沟通包括以下内容。①体态语言也称身势语，是以身体动作表示意义的沟通形式。人们见面点头、握手、拥抱，就是用体语向对方表达致意、问候和欢迎。人们在交谈时，身体略向前倾，不时点头，神情随着谈话的内容变化而变化，这些体态特征表示对说话者的尊敬和礼貌。②手势是会说话的工具，是体态语言的主要形式，使用频率最高，形式变化最多，因而表现力、吸引力和感染力也最强，最能表达说话者丰富多彩的思想感情。③脸部表情，又称面部表情，是身体语言的一种特殊表现。人类具有异常丰富的脸部表情。在人际沟通中，人们的脸部表情起着重要的作用。许多细微复杂的情感，都能通过面部表现来传达，并且能对口语表达起解释和强化的作用。脸面的颜色、光泽、肌肉的收缩与舒张，以及脸部纹路的不同组合，构成喜怒哀乐等各种复杂的表情。④眼睛是心灵的窗户，能表达许多言语所不易表达的信息和情感。眼神与语言之间有一种同步效应。通过眼神，可以把内心的激情、学识、品德、情操、审美、情趣等传递给别人，达到沟通的目的。目光接触是非语言交流的一种特别形式。和其他非语言交流形式一样，目光接触的意义变化很大，而且也依赖着前后情境关系；但在几乎所有的社会相互作用中，目光接触都传达着丰富的信息。目光接触常用于调整谈话。比如，一位演讲者开始发言时会转移目光，要结束时就抬起目光。转移目光似乎是为了预防反问和打扰，而抬起目光标志着一个问题的结束并允许其他人发言。

（2）情绪调控方法。体适能训练过程中儿童的消极情绪有焦虑、抑郁、冷漠、易怒、嫉妒等。这些不良情绪可以通过以下四种方法来调节。一是认知行为调节法。认识是情感的基础，提高认识可以用理智支配情感，避免情感支配理智。学龄儿童年龄小，缺乏知识和经验，辨别是非能力差，容易感情用事。因此，教师在培养学龄儿童情感过程中，需要提供必要的知识，提高他们的认识水平，转换看问题的角度。二是平心静气法。在激烈争论即将发生冲突时，通过有意识地降低说话的音量、放慢语速、避免身体前倾，可淡化、缓和紧张冲突的气氛，渐渐恢复心平气和。三是冷静处理法。当怒火中烧时，先从1数到10再开口，或接受俄国作家屠格涅夫的忠告，将舌头在口内转10圈，以加强自我克制。四是暂离现场法。在感到即将控制不住愤怒时，可迅速离开现场，避开双方"气头"，待回来后往往已风平浪静、时过境迁了。五是转移注意力。如外出散步、看电影、看电视、读书、打球等等，在活动中找到新的快乐。情绪宣泄的途径主要有：一是合理倾诉法。在内心充满烦恼和忧虑时，可以向知心朋友或信任的老师、家长倾诉心声，也可以用写信的方式来倾吐心中的不快；记日记也是简便易行的方式。二是哭泣。在极为悲伤、委屈的时候，不论男女都不必强忍眼泪，尽情地痛哭一场，必定会感到特别的轻松和平静。体适能训练也属于运动调控法，如较大运动量的体育活动、体力活动、激烈的快节奏喊叫等，有助于释放紧张的情绪，消除烦闷和抑郁。运动训练本身就可以起到一定的宣泄负面情绪的作用。总之，情绪的疏泄要做到适时、适度，要注意时间、场合和方式方法，既不能影响他人的工作、学习和生活，也不能有损自己的身心健康，更不能触犯法律法规、危害社会。教给儿童调节和控制情绪的方法，可有助于他们合理、有效地表达情绪，使儿童保持心理平衡，促进其心理健康。

三、儿童侵犯行为、违纪行为及其他问题行为及应对措施

（一）儿童侵犯行为

儿童的侵犯行为大多没有明确的伤害动机。儿童因一些侵犯行为受到批评、训斥或惩罚时，会带来一定的社会性交往压力，尤其那些经常做出侵犯行为的儿童，会由此产生与周围人的对立，认为别人缺乏友好。在这种状态下，教师和儿童情感上的相互接纳就成了教育的前提。

教师应首先从情感上接纳有侵犯过错的儿童。同时，教师应通过主动的交往，真正了解儿童侵犯的动机并拉近双方的心理距离，使儿童体会教师的善意和关怀，从而打消其对教师的对抗。

侵犯行为矫正中，教师需要更多关注"负榜样"，即通过对某些侵犯行为的惩

罚使所有人引以为戒。因此，教师在面对已发生的侵犯行为时，需要鲜明地表达自己的态度，对其侵犯行为公开进行批评和教导，使当事人面对一定的社会压力，使其形成正面接受并对他人起到警示作用。

（二）儿童常见情绪和对抗性行为

当你在讲解训练内容的时候，儿童的注意力不集中，跟旁边的人说话、聊天，这个时候你会怎么做呢？当教师遇到这类问题时，首先要了解发生的原因。如果属于儿童对周围环境好奇引起的注意力不集中，可以委托其以一定的责任；如果是教师讲课的方式比较枯燥，可以多和儿童进行互动；如果是教师讲解的内容让儿童听不懂，可以用形象的例子或简单易懂的话进行进一步的解释说明，使儿童保持注意力集中。其次，教师可以把儿童放在离自己最近的位置，在讲解的过程中使用肢体动作来提示儿童要注意力集中（使用眼神交流、声调调整，以及拍肩动作等）。最后，教师可以把两个儿童分开，其中一个儿童由另一名工作人员做辅助工作。

（三）儿童违纪行为

儿童在上课或者训练中不听指挥，到处乱跑乱动怎么办？当教师遇到这类问题时，教师不能强行阻止儿童的行为，可以及时观察和发现儿童的兴趣点，以兴趣点来吸引儿童遵守游戏规则。另外，在游戏过程中，教师可以尽量发挥这类儿童的主动性（如让儿童充当领导者等），用适当的"职业"本身来限制儿童不遵守规则的行为。

总之，在训练的过程中，教师应始终保持对儿童无条件的积极的关注，多与儿童进行交流，观察儿童、注意儿童、了解儿童、理解儿童以及平等地对待儿童；对儿童的期望值不要太高，不要强迫儿童去圆自己的梦。教师要多鼓励，少指责；多赞赏，少抱怨。爱护儿童应该是无条件的，教师千万不要因为儿童做错事就说"你不乖，我不喜欢你"之类的话。以身作则，榜样示范，你希望儿童有什么样的品德，自己就应当表现出什么样的品德。你希望儿童有什么样的行为，就应当表现出什么样的行为，切忌说一套做一套。教师应以鼓励为主，奖惩得当，鼓励儿童的每一点进步。儿童犯了错误，教师应指出事情的危害而不是批评儿童本身。教师在表扬和鼓励不能泛泛而谈，表扬要发自内心，要真诚。奖罚不能总是用实物，精神鼓励更好；奖罚也不宜太多，罚得多，会使儿童心灰意冷；奖得勤，儿童会觉得平淡无味。

第四章

儿童体适能课程设计

儿童体适能课程设计理念遵从儿童身心发展的规律，在各项素质发展的敏感期给予儿童相应的训练。以学龄前儿童为例，3~6岁的儿童正处于学习基础运动技能的关键时期，这些基础运动技能包括：移动技能（力量、速度、协调）——爬、行、走、跑、单脚跳、双脚跳、滑步、身体移动等；稳定技能（平衡、速度、协调）——伸展、屈曲、扭曲、摆动、拉、推、平衡、停顿、闪避等；器械操控技能（协调、力量）——滚动、抛、投郑、接、踢、击打等。

幼儿体适能课程特别注重和强调"做中学"及"游戏中学"和"游戏中锻炼"，以促进幼儿兴趣、技能、认识及意志的协调发展，使幼儿能够掌握生活及活动技能，进而使幼儿的身心得到全面的发展。

一、动作发展

发展（模式）指的是每个人一生中的变化，变化不只是年龄增加的结果，动作发展更会受到生活经验、遗传基础的交互作用的影响。

儿童青少年是动作发展的敏感期，如果没有适当的教育或刺激可能会影响其成年后的动作模式。而动作模式的变化可能引起一些损伤，如蹲的模式错误可能会引起腰肌劳损，翻滚动作模式错误可能引起关节共轴失调从而引发肩袖损伤，等等。

提高儿童体适能训练中的速度、力量、耐力、平衡等都离不开正确的动作模式，所以说，动作模式的教育是体适能课程的重要环节。

（一）幼儿动作发展

根据《3~6岁儿童学习与发展指南》关于动作发展的要求，各年龄阶段儿童动作发展要求如下。

目标一：具有一定的平衡能力，动作协调、灵敏。（见表4-1）

表4-1 3～6岁儿童平衡能力，动作协调、灵敏要求

3～4岁	4～5岁	5～6岁
1. 能沿地面直线或在较窄的低矮物体上走一段距离 2. 能双脚灵活交替上下楼梯 3. 能身体平稳地双脚连续向前跳 4. 分散跑时能躲避他人的碰撞 5. 能双手向上抛球	1. 能在较窄的低矮物体上平稳地走一段距离 2. 能以匍匐、膝盖悬空等多种方式钻爬 3. 能助跑跨跳过一定距离，或助跑跨跳过一定高度的物体 4. 能与他人玩追逐、躲闪跑的游戏 5. 能连续自抛自接球	1. 能在斜坡、荡桥和有一定间隔的物体上较平稳地行走 2. 能以手脚并用的方式安全地爬攀登架、网等 3. 能连续跳绳 4. 能躲避他人滚过来的球或扔过来的沙包 5. 能连续拍球

目标二：具有一定的力量。（见表4-2）

表4-2 3～6岁儿童力量和耐力要求

3～4岁	4～5岁	5～6岁
1. 能双手抓杠悬空吊起10秒左右 2. 能单手将沙包向前投掷2米左右 3. 能单脚连续向前跳2米左右 4. 能快跑15米左右 5. 能行走1千米左右（途中可适当停歇）	1. 能双手抓杠悬空吊起15秒左右 2. 能单手将沙包向前投掷4米左右 3. 能单脚连续向前跳5米左右 4. 能快跑20米左右 5. 能连续行走1.5千米左右（途中可适当停歇）	1. 能双手抓杠悬空吊起20秒左右 2. 能单手将沙包向前投掷5米左右 3. 能单脚连续向前跳8米左右 4. 能快跑25米左右 5. 能连续行走1.5千米以上（途中可适当停歇）

目标三：具有一定的灵活协调的手部动作。（见表4-3）

表4-3　3～6岁儿童手部动作灵活协调要求

3～4岁	4～5岁	5～6岁
1. 能用笔涂涂画画 2. 能熟练地用勺子吃饭 3. 能用剪刀沿直线剪，边线基本吻合	1. 能沿边线较直地画出简单图形，或能边线基本对齐地折纸 2. 会用筷子吃饭 3. 能沿轮廓线剪出由直线构成的简单图形，边线吻合	1. 能根据需要画出图形，线条基本平滑 2. 能熟练使用筷子 3. 能沿轮廓线剪出由曲线构成的简单图形，边线吻合且平滑 4. 能使用简单的劳动工具或用具

（二）影响动作发展的因素

动作发展是跨越整个生命周期的复杂过程。婴幼儿固有的姿势反射和基础动作是儿童期学习组合动作及掌握更加自主的动作技能的基础。在人成长的过程中，在影响技能表现的因素制约下，人们学习、应用并改变着各种动作模式。这些制约因素包括任务、环境和个体。其中，个体因素又包含功能和结构。例如，随着儿童身高体重的增加，他们的动作模式也会发生相应的改变。个体差异表现为发育好的孩子下肢有力就会比发育晚的孩子早一点发展走的技能，再比如投掷动作由同侧模式发展为更为经济的对侧模式。任务不同，所采用的动作模式亦不相同，如要抓住一个乒乓球和一个气球，双手配合模式就会不一样。环境的变化对儿童的适应能力提出挑战，在不同的环境下，儿童采用的动作模式也不同。

这些基本技能（动作模式）随着年龄或经验的变化而发展，对儿童的成长发育有着重要的意义。关注发展规律，为儿童创造适当的环境、任务，促进儿童动作模式的发展，适应社会、适应环境、提高自身能力是儿童体适能课程的重要任务之一。

（三）儿童期动作发展模型

关于动作发展有几个不同的模型已经被动作发展专家认可。Seefeldt（1980）提出的金字塔模型是最早的模型之一（如图4-1所示）。在这个模型中，反射被视为所有运动技能发展的基础，而基本动作技能（动作模式）则是在反射的基础上发展而来的更广泛的动作技能。Seefeldt认为，除非基本动作技能都得到发展，否则他们的动作技能水平将难以发展到"金字塔"中的高级水平,即达到运动、竞赛和其他动作技能所要求的熟练度。所以,Seefeldt 提出儿童在童年早期到中期这一阶段应该获取广泛的动作技能基础,之后才有获得高层级动作技能的可能。

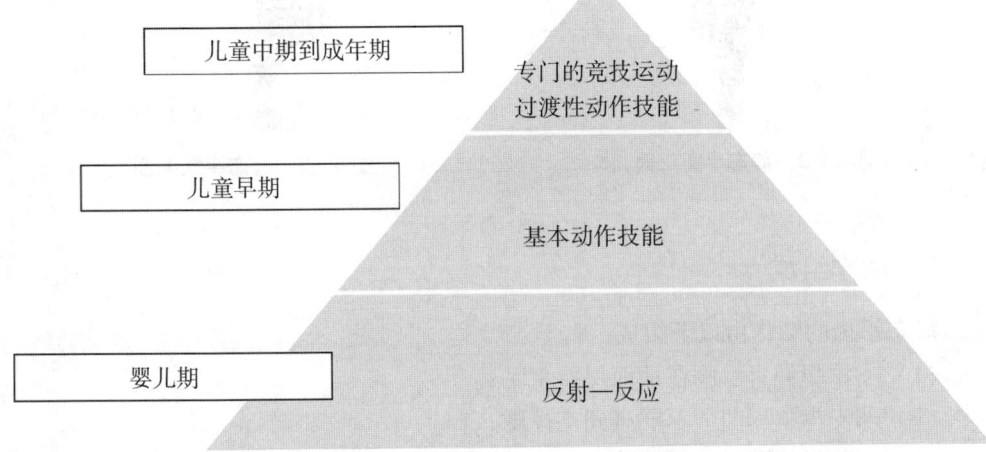

图 4-1 动作熟练度发展序列模型

二、基本运动技能

本部分包含 11 个基本运动技能的介绍,以及对在运动过程中常见问题的解析。在每次训练中,教师可重点讲解 1~2 个技能,同时注意这些技能对儿童的适用性。在教学中,教师应注意儿童在每项技能中常犯的错误。教师可通过这些错误去分析和判断儿童是否掌握这项技能,并示范正确的动作。

(一)静态平衡

1. 运动技能

平衡是大部分运动技能的先决条件。静态平衡被定义为有能力在动作中保持稳定的姿势。保持单脚站立是静态平衡的常规姿势,也是一项重要的身体控制技能(如图 4-2、图 4-3 所示)。此项技能通常出现在体操、舞蹈、跳水等运动中。此项运动技能可以提高儿童的平衡能力,降低儿童在运动中跌倒的风险。

图 4-2 静态平衡正面　　　　图 4-3 静态平衡侧面

2. 动作组成

静态平衡的动作由以下组成：
（1）支撑腿伸直，脚在地面保持水平；
（2）非支撑腿屈曲，不要碰到支撑腿；
（3）头部保持平稳，目视前方；
（4）躯干稳定，保持直立；
（5）手部不要有过多的动作。

3. 注意事项

儿童应该先掌握对躯干与肩关节的控制，接着掌握对手部的控制，再逐步掌握对腿部及膝盖的控制，最后掌握对脚步的控制。

4. 教学指引

教师指示儿童在做静态平衡动作的过程中要站直，双脚平放地面，两腿要分开，目视前方的物体，放松手臂。

5. 常见问题

儿童在做静态平衡动作时，常常出现以下问题：
（1）向下看地面或是看自己的脚；
（2）支撑腿摇晃；
（3）躯干晃动；
（4）上肢多余动作过多；
（5）非支撑脚向后勾以稳定膝盖；
（6）非支撑腿抬得过高。

第四章 儿童体适能课程设计

6. 训练技巧

教师让儿童双脚前后站立，一只脚的脚尖抵住另一只脚的脚后跟，头顶沙包停留一会儿，完成动作后再交换双脚。教师观察儿童的平衡情况，帮助儿童找到优势腿。通过优势腿锻炼平衡，可以更快地让儿童找到平衡感。训练技巧如下所示：

（1）将非承重腿放在优势腿后方保持身体平衡；
（2）将非承重腿放在优势腿旁边保持身体平衡；
（3）将非承重腿抬高保持身体平衡；
（4）运用身体不同位置保持平衡；
（5）找其他物体帮助身体保持平衡。

7. 拓展训练

儿童可以通过以下训练获得对平衡的理解：
（1）站在平衡木上，保持身体平衡，慢慢拾起平衡木上的物品；
（2）静态平衡时，眼睛盯住物体保持身体平衡；
（3）静态平衡时，闭上眼睛保持身体平衡；
（4）用非优势腿做支撑腿保持身体平衡。

（二）冲刺跑

1. 运动技能

冲刺跑是一项身体移动技能，在运动过程中，双脚可同时离地（如图4-4、图4-5所示）。这项技能是很多运动项目的基础技能，如田径、足球、曲棍球、棒球。熟练掌握冲刺跑，有助于速度与耐力的提升，同时可以提升心肺健康水平。

图4-4 冲刺跑侧面

图4-5 冲刺跑正面

2. 动作组成

冲刺跑由以下动作组成：
（1）脚部前掌落地；
（2）非支撑膝盖最少屈曲90°；
（3）抬高膝盖，大腿几乎平行于地面；
（4）头部和躯干保持稳定，目视前方；
（5）肘关节屈曲90°；
（6）手臂前后交替摆动，与下肢异侧对应。

3. 注意事项

跑步初学者都会将肘部抬得过高，以免摔倒，但这会影响摆臂。当儿童在训练加速跑的时候，教师要引导他们尽全力跑，只有这样，所有的训练要素才能得以展现。如果儿童在跑步过程中出现身体不协调等问题，教师要先提升他们的平衡能力以及腿部力量。

4. 发展技能

教师应指示儿童在冲刺跑的时候要抬高大腿或膝关节，脚后跟尽量贴近臀部位置，目视前方，用前脚掌着地，不要用脚后跟着地，屈肘，摆动手臂。

5. 常见问题

儿童在做冲刺跑动作时，常常出现以下问题：
（1）全脚着地或脚后跟着地；
（2）眼睛看向地面；
（3）手臂在摆动时僵硬或抬得过高；
（4）躯干过分扭转；
（5）膝盖抬得过低；
（6）脚后跟没有接近臀部位置；
（7）身体过于倾斜；
（8）脚过于内八或外八。

6. 训练技巧

儿童在冲刺跑的时候，上下肢应协同运动，可以一边看天一边跑、一边看地一边跑、一边看旁边的朋友一边跑，或者目视前方跑，然后讨论哪种方式跑得更快。教师指引儿童了解自己的步幅，并通过训练逐渐增长其步幅；让儿童做往墙上钉钉子的动作，通过做这个动作来认识肘部的运动方式；让儿童感受手指的摆放方式，感觉哪种方式是最舒服的，如手做握卷起来的报纸状或手指竖直等；让儿童感受不同速度的奔跑，并用脚的不同部位落地，如慢跑时脚后跟落地或者脚掌落地，让儿童在加速跑时脚后跟不落地，只有前脚掌落地。

7. 拓展训练

（1）在地上画一个圈，让儿童在圈内进行跑步训练，如摆臂、抬腿。

（2）教师可通过游戏运动让儿童用不同的方式进行训练，如不摆臂跑、摆臂跑、抬高膝盖跑。

（3）儿童可以通过多种方式练习跑步，如田径运动中的50米跑、70米跑、100米跑、接力跑、跨栏、跳远。

（三）垂直跳

1. 运动技能

垂直跳是一项身体移动技能，是纵向移动身体的能力（如图4-6至图4-8所示）。垂直跳在体操、舞蹈中非常常见，也常见于篮球、排球运动中，其运动节奏、准备动作和落地动作与立定跳远类似。

图4-6 垂直跳起始姿势　　图4-7 垂直跳空中姿势　　图4-8 垂直跳落地姿势

2. 动作组成

垂直跳由以下动作组成：

（1）眼睛注视前方或上方；

（2）屈髋带动屈膝下蹲，手臂置于身体后方；

（3）跳起，手臂向前，并向上伸展；

（4）起跳后，腿部在空中伸直。

3. 注意事项

三年级的儿童可以熟练掌握垂直跳的基本动作。"动作组成"中的（2）（3）动作是儿童需要较长时间才能掌握的内容。

让儿童尽量在自己的能力范围内跳到最高，这对垂直跳训练非常重要。只有这样，儿童才可以完成垂直跳的起跳及落地。

4. 发展技能

教师指引学生做以下动作：
（1）向上看；
（2）将注意力放在自己想摸到的地方；
（3）手臂可连续做预摆动作，找到起跳节奏；
（4）在起跳后腾空时身体充分伸展；
（5）落地时，脚前掌先接触地面再过渡至脚全掌；
（6）控制身体，在降落的时候保持身体平衡；
（7）用前脚掌落地。

5. 常见问题

儿童在做垂直跳动作时，常常出现以下问题：
（1）跳的时候眼睛盯着地面；
（2）屈膝时手臂还在两侧或在身体前侧；
（3）双脚没有同时离地或同时落地；
（4）手臂没有充分摆动或过早伸向空中；
（5）跳起时屈膝；
（6）髋关节、膝关节、踝关节没有足够的屈曲；
（7）落地后调整的步数过少，难以维持身体平衡。

6. 训练技巧

教师向儿童展示屈膝、屈髋的准备姿势，并提示他们在起跳前将手臂向后并向上摆动，鼓励他们跳得越高越好，让其眼睛向上看，或向前看，或向下看。

教师指导儿童的脚分开站，距离与肩同宽，起跳后用不同的方式着陆。教师向儿童提出以下问题，并且讨论：
（1）用哪种方式可以跳得更高？
（2）为什么当你落地的时候不屈膝试试呢？
（3）你降落的时候能落在起跳的位置吗？

(4) 你是否降落的时候距离起跳位置越来越远?

7. 拓展训练

(1) 在垂直跳时,儿童的手臂向后挥舞到比水平稍高的位置,这样可以帮助他们跳得更高;

(2) 用纵跳摸高测量器测量儿童的跳高成绩;

(3) 应用迷你跳床或跳板让儿童跳得更高,并专注于软着陆;

(4) 把动作训练与游戏相结合,如"跳起抢篮板球""排球拦网"。

(四) 接

1. 运动技能

接是一项用手、足或身体其他部位操控物体的技能(如图4-9至图4-11所示),该项技能可出现在大多数的运动和游戏中,如打篮球、棒球、橄榄球,做艺术体操,玩操场游戏。

图 4-9　前伸准备　　　　图 4-10　收肘接　　　　图 4-11　缓冲结束

2. 动作组成

接由以下动作组成:
(1) 眼睛盯住目标物;
(2) 移动身体与目标物成一条线;
(3) 手、肩移动去接近目标物;
(4) 手和手指都保持放松状态,并将手摆成杯型准备接物体;
(5) 用手去接并控制物体;

（6）屈肘。

3. 注意事项

儿童在训练的时候，可以从接体积小的物体开始。如果从接体积大的物体开始，如接气球，儿童会用手臂或胸部帮助接并控制物体。但是，这样的训练方式可能对接体积小的物体产生难度，因为儿童会习惯性地用接体积大的物体的方式去接体积小的物体。所以，一定要着重练习接体积小的物体，以此开发儿童接的能力。

4. 发展技能

教师指引学生做以下动作：
（1）注视着物体飞入自己手中；
（2）把手摆成杯子状；
（3）手部放松；
（4）用手指向上指向高飞的球；
（5）用手指向下指向低飞的球；
（6）屈肘。

5. 常见问题

儿童在做接的动作时，常常出现以下问题：
（1）接物体时，将头部转开，或闭起眼睛，或向后倾倒；
（2）接物体时，脚步没有向前移动；
（3）接物体时，手没有伸出来迎物体；
（4）接物体时，手臂僵硬；
（5）接物体时，双手合起来过早或过晚；
（6）接物体时，肘关节未屈曲或屈曲角度过小。

6. 训练技巧

教师指导儿童做接物体的准备姿势：
（1）站立，保持身体平衡；
（2）手部做轻微握杯状；
（3）眼睛盯住目标物。
教师可以用滚球的方式让儿童理解如何接住物体：
（1）用不同的速度滚球；
（2）将球以正对着儿童的方向滚过去；
（3）将球以稍偏移儿童的方向滚过去；
（4）让儿童向滚过来的球的方向移动。

以下方式可以训练儿童如何注视物体以及如何向物体移动：

（1）将球抛向空中，再接回；

（2）拍球，再接球；

（3）用不同的手臂姿势接球；

（4）用不接触身体的方式接球；

（5）用肘部不同的位置接体积小的物体。

7. 拓展训练

（1）儿童把球扔到墙上再接住；

（2）儿童可持容器去接抛来的物体；

（3）儿童可站在不同的位置去接抛来的物体（或坐着接抛来的物体）；

（4）儿童可用不同大小、形状、质地的物体去接抛来的物体；

（5）教师把球扔到不同的高度让儿童去接；

（6）教师用不同的速度扔球，并让儿童去接；

（7）儿童试着去接从不同角度抛来的球。

（五）单脚跳

1. 运动技能

单脚跳是一个连续有节奏的身体移动技能，由单脚起跳和单脚落地动作组成（如图4-12至图4-14所示）。这个动作可用在舞蹈、田径运动，以及一些游戏中。这是一个很好的测试动作，教师可以从中了解儿童在运动中保持平衡的能力，这就是动态平衡。

图4-12 准备起跳　　图4-13 腾空　　图4-14 落地缓冲

2. 动作组成

单脚跳由以下动作组成：

（1）支撑脚屈曲于地面，起跳后腿充分伸展；

（2）落地时，前脚掌先接触地面，再过渡至全脚掌；

（3）非支撑脚弯曲，节奏性地随着支撑腿摆动；

（4）头部保持稳定，在跳跃的过程中目视前方；

（5）起跳时，手臂弯曲并向前摆。

3. 注意事项

通常来说，一年级的儿童可以做学习此项技能的准备，四年级的儿童可以熟练掌握此项技能。与简单的跳跃相比，单脚跳是一个比较高级的基本运动技能，也是一个相对静态平衡而言进阶的一个动态平衡动作。单脚跳需要有一定的力量基础，5～7岁的儿童会在速度、控制力及技巧方面展现出明显的进步。儿童应该在学习该动作初级阶段时接受比较简单的单脚跳训练，着重强调简单的动作与节奏，在掌握后再强调速度、距离及起跳高度。

4. 发展技能

教师指引儿童做以下动作：

（1）起跳前，腿部弯曲；

（2）落地时，前脚掌先接触地面，再过渡至全脚掌；

（3）找到节奏；

（4）朝前看；

（5）借助手臂保持身体平衡。

5. 常见问题

儿童在做单脚跳的动作时，常常出现以下问题：

（1）后脚跟先落地，或全脚掌落地；

（2）单脚跳三四下后，无法保持身体平衡；

（3）在落地时，没有通过弯曲膝盖、脚踝，或是髋部；

（4）起跳后，支撑腿没有充分伸展；

（5）非支撑脚的大腿部分与地面平行；

（6）整个过程低头，目视地面；

（7）没有随着起跳与落地及时摆臂；

（8）摆臂过高导致无法跳跃。

6. 训练技巧

教师让儿童尝试进行单脚跳：
（1）保持身体挺直，重心偏向支撑腿；
（2）非支撑腿弯曲，向身前抬高大腿，使之平行于地面；
（3）非支撑腿弯曲，向身后抬高小腿，使之平行于地面；
（4）在进行跳跃时，弯曲腿保持稳定，不随身体摆动。
教师让儿童讨论这样跳的感觉如何，然后做以下动作：
（1）闭着眼睛跳；
（2）盯着脚跳；
（3）看着旁边的伙伴跳；
（4）盯着前面跳。
完成上面的各种跳跃后，教师与儿童讨论，哪一种跳的方式更好，然后再让儿童们尝试用不同的手臂姿势去跳，并感受摆臂的方式：
（1）向高处摆臂；
（2）用垫步的摆臂姿势尝试；
（3）保持手臂在身体两侧跳；
（4）把手臂放在身前跳。

7. 拓展训练

（1）训练儿童做单腿的静态平衡；
（2）让儿童跳到指定的点，可以用辅助物进行跳跃尝试；
（3）让儿童两条腿交替进行跳跃；
（4）跳跃的路线可以是多变的，如直线的跳跃、曲线的跳跃；
（5）可以原地连续单脚跳，或者向前、向后、向左、向右跳跃。

（六）侧向滑步

1. 运动技能

侧向滑步是一项特殊的身体移动技能（如图4-15和图4-16所示）。当进行侧向移动的时候，通常身体与面部都朝向前方。这是一项非常基础的身体移动技能，应用于多种比赛与活动中，如棒球、篮球、网球、乒乓球、羽毛球，在舞蹈中的应用也非常普遍。

图4-15 侧向滑步准备姿势

图4-16 侧向滑步行进间姿势

2. 动作组成

侧向滑步由以下动作组成：
（1）流畅地、有节奏地移动脚步；
（2）身体重心放在前脚掌；
（3）髋部与肩膀都朝向前方；
（4）头部稳定，肩颈朝向前方，或者朝着移动的方向。

3. 注意事项

一年级的儿童通常可以掌握初步的侧向滑步技能，进阶的动作要领将在四年级时得到强化。通常情况下，在垫步之前，儿童可以较早地掌握这项技能。在侧向垫步中，相同的脚在每次动作中都会落地，而垫步则是每次动作都会换一次落地脚与引领脚。

侧向滑步应该作为一个节奏性移动技能，而不是作为一个速度技能来强调教学。

4. 发展技能

教师指引儿童做以下动作：
（1）保持重心，步伐轻盈；
（2）落地时，前脚掌先接触地面，再过渡至全脚掌；
（3）使身体朝向前方；
（4）保持眼睛向前看；
（5）动作依次为跨、收、跨、收或者开、合、开、合。

5. 常见问题

儿童在做侧向滑步的动作时，常常出现以下问题：

(1) 做动作时眼睛朝下看；
(2) 没有将重心放在前脚掌；
(3) 颈部与肩部向移动方向转；
(4) 引领脚没有与另一只脚保持水平，而是朝向所移动的方向；
(5) 尾随脚保持与地面接触，尾随脚在地面拖动；
(6) 移动失去节奏；
(7) 需要手臂的帮助去保持平衡；
(8) 腿部过直，膝盖屈曲不够；
(9) 两侧的动作发展不平衡；
(10) 允许脚步交叉。

6. 训练技巧

教师通过打节奏让儿童练习这项技能，并讨论用哪种方式可以把动作做好：
(1) 从距离近的侧向移动练起，然后慢慢增加移动的距离；
(2) 与其他儿童一起练习，手拉手侧向移动；
(3) 探索侧向移动，尝试不同的距离，脚步要放低，再用力跳起来；
(4) 与其他儿童成组，互相评价；
(5) 了解躯干与手臂的位置，注意髋部和脚部的位置准确；
(6) 儿童尝试用僵硬的腿部站姿进行侧向移动或者滑步。

7. 拓展训练

(1) 使用现有的地面标记作为侧面滑步的轨迹。儿童沿着轨迹或线条移动，看着轨迹的方向，或者看着他们的臀部和身体的同一个方向；
(2) 交替使用左右脚作为引领脚，变换方向做训练；
(3) 两个儿童面对面做镜像训练，防守对方，如模拟一个练球或者踢足球的场景。

（七）垫步

1. 运动技能

垫步是一个节奏性的身体移动技能（如图 4-17 至图 4-20 所示），出现在很多的运动与活动中。这也是很多运动中脚步动作的基础，如篮球、排球、舞蹈等。

图4-17 垫步起始姿势

图4-18 垫步起跳姿势

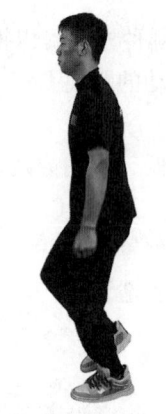
图4-19 垫步缓冲姿势

图4-20 垫步换脚起跳姿势

2. 动作组成

垫步由以下动作组成：

（1）做一个有节奏的迈步单脚跳；
（2）落地时，前脚掌先接触地面，再过渡至全脚掌；
（3）支撑脚的膝盖弯曲，准备做单脚跳；
（4）头部与躯干保持稳定，眼睛注视前方；
（5）手部放松，与腿部动作相对进行摆动。

3. 注意事项

一年级的儿童可以初步掌握单腿跳的技能，进阶的动作将在四年级开始掌握。垫步是一个比较难掌握的技能。儿童要先学会单脚跳与侧向滑步，然后再进行垫步的训练。

同样，垫步训练应该以注重节奏的方式进行教学，发展跨步—单脚跳的节奏，而不要只专注速度。

4. 发展技能

教师指引儿童做以下动作：
（1）用较轻的弹簧步做动作；
（2）目视前方；
（3）做蹬跳、提膝的动作；
（4）用前面的脚进行落地与起跳；
（5）身体朝向前方。

5. 常见问题

儿童在做垫步的动作时，常常出现以下问题：
（1）动作没有节奏；
（2）不能平衡左脚与右脚；
（3）用脚后跟或者全脚掌落地；
（4）眼睛看向地面；
（5）同手同脚；
（6）准备单脚跳时脚步过于僵硬。

6. 训练技巧

教师指引儿童探索以下技能：
（1）调整迈步的距离；
（2）弹跳以获得高度；
（3）采用不同的手臂位置。

儿童组成小组，互相观察，互相评价，并判断在保持良好节奏的基础上，哪种运动方式跳得最高：
（1）给儿童提供训练的节奏；
（2）让儿童进行静态训练，可以利用一把椅子或一面墙来保持身体平衡；
（3）用同一条腿做一个迈步加一个单脚跳，再用另一条腿做同样的训练；
（4）让儿童尝试不同的摆臂方式去感受哪一种方式更适合自己。

（八）过肩投掷

1. 运动技能

过肩投掷是一项物体控制技能（如图 4-21 至图 4-24 所示），可被运用在很多的运动当中，如棒球、垒球、板球、美式橄榄球、标枪等。

图 4-21 投掷准备姿势

图 4-22 肩关节外旋

图 4-23 肩关节内旋

图 4-24 投掷后顺势向下挥摆

2. 动作组成

（1）在投掷过程中眼睛注视目标；
（2）侧身预备对准投掷目标；

(3) 投掷手向上抬平到肩部高度；
(4) 肩部、大臂向后展，小臂靠向背部；
(5) 大臂带动小臂向投掷一侧的头顶方向挥动；
(6) 投掷手臂挥到另一侧的腰部下方。

3. 注意事项

一年级的儿童可以初步掌握投掷技能，进阶的细节动作是四年级儿童需要掌握的。

我们不建议在教学中使用抛球和追球。为了减少训练时发力所带来的风险，我们可以使用沙包、纸团、软泡沫球或者手绢来进行训练。

用来投掷的物体需要合适的大小，使儿童可以很好地用手指抓住，而不是用手掌。如果物体太大，儿童则无法正常掌握这项技能。在练习投掷时，如果儿童产生平衡困难，教师可以指导儿童把非投掷手举起来并瞄准目标物，以此帮助身体保持平衡。

在分解训练投掷动作细节时，须确保整个动作的完成度，因为间断或暂停会对发力产生影响，力量会因此丧失，即使是扔出后的结束动作，也会对投掷速率产生直接影响。

4. 发展技能

教师指引儿童做以下动作：
(1) 盯住目标；
(2) 用非投掷手指向目标；
(3) 侧向站立向前跨步预备投掷；
(4) 投掷手大臂与小臂协调完成一个鞭打动作；
(5) 投掷出手后，快速将前臂随挥到另一侧。

5. 常见问题

儿童在做过肩投掷的动作时，常常出现以下问题：
(1) 站立时正对投掷方向的目标；
(2) 低头面部朝下；
(3) 投掷手臂没有向上抬过肩部；
(4) 投掷手小臂没有导向背后；
(5) 投掷出手点低于头部并且没有随挥向前。

6. 训练技巧

教师提醒儿童在投掷完毕后一定要做随挥动作，将投掷手放松随下到身体另一侧：

(1) 鼓励儿童相互做投接练习，体会大臂、小臂、手腕的协调发力；
(2) 静止站立，双脚脚尖朝前，上身侧转带动上臂前挥；
(3) 侧身并脚站立，向前跨出非投掷手一侧的腿，转动上身完成投掷动作；
(4) 侧身分脚站立，转动上身发力投掷，随挥后将投掷一侧的腿向前迈步。

7. 拓展训练

教师在场地上规划目标区域，可以用跳绳或者不同颜色的障碍锥围成不同的形状，注意目标区域要离儿童足够远，这样可以鼓励他们更尽力地完成训练。

儿童排成两排，两排之间相距 5～7 米，用软物体互相投掷。让儿童的注意力放在投掷的动作上，不要放在接的动作上。

（九）跨跳

1. 运动技能

跨跳是一项身体移动技能，单脚起跳，再用另一只脚落地（如图 4-25 至图 4-27 所示）。尽管跨跳可以看作是加速跑的一个延伸动作，但区别在于，这是一个分离的动作，有明确的起点与终点。在日常运动中，跨跳是非常基础的运动，比如跨越矮障碍等。跨跳同样用于体操、舞蹈以及田径运动中，如跨栏、三级跳等。

图 4-25 跨跳准备姿势

图 4-26 跨跳空中姿势

图 4-27 跨跳落地姿势

2. 动作组成

跨跳由以下动作组成：

(1) 目视前方；
(2) 起跳脚的膝盖弯曲；
(3) 滞空时充分伸展；
(4) 上肢与下肢协同运动；
(5) 躯干微微向前倾；
(6) 落地时，前脚掌先接触地面，再过渡至全脚掌，同时弯曲膝盖吸收落地力。

3. 注意事项

二年级的儿童可以掌握跨跳的基础组成动作，五年级的儿童可以掌握跨跳的进阶动作。与其他身体移动技能相比，跨跳是一个相对复杂的动作，因为此动作需要更多的爆发力。

儿童通常不具备所需的爆发力，直到 10～11 岁时，随着爆发力的获得，儿童可以有更长的滞空时间。

有些儿童在第一阶段可以很好地完成落地动作，但是在后期还需要再次检查。随着爆发力的提升，落地时的控制难度随之提升。当儿童可以较好地掌握跨跳时，下一步便是确保较好的落地，因此，落地可以与其他动作进行组合。

4. 发展技能

教师指引儿童做以下动作：
(1) 眼睛向前看；
(2) 起跳时，脚和膝盖呈屈曲状；
(3) 起跳时，腿呈剪刀状；
(4) 伸展手臂；
(5) 跨跳时，身体向前倾；
(6) 落地要轻盈。

5. 常见问题

儿童在做跨跳的动作时，常常出现以下问题：
(1) 眼睛向下看；
(2) 膝盖屈曲不足；
(3) 无法单脚起跳；
(4) 起跳脚与落地脚是同一只脚；
(5) 滞空时脚部屈曲；
(6) 滞空时间过短；
(7) 滞空时，领跳脚的相反手没有向前尽延展；

（8）躯干直立；

（9）全脚掌落地，或脚跟落地；

（10）脚踝、膝盖、髋部没有足够屈曲以吸收落地产生的力；

（11）落地时没能保持身体平衡；

（12）跳的距离不够远。

6. 训练技巧

教师要求儿童：

（1）将一只脚放在圆圈中，发力起跳，并跳出圆圈；

（2）跳过障碍物，可以放沙包，让儿童通过助跑跨跳障碍物；

（3）跨跳时尝试用不同的身体部位，如腰部弯曲、身体向后倾、身体竖直、身体向前倾，并讨论哪种方式更适合。

（4）尝试双臂向前推进，一只手臂向前，一只手臂向上或两只手臂向下；

（5）尝试不同的起跳脚，通过在地上做记号的方式，使腿部笔直起跳；

（6）通过助跑，使腿部弯曲起跳；

（7）通过助跑，使腿部弯曲、前脚打直；

（8）注意脚掌着地、膝盖弯曲以吸收力量。

7. 拓展训练

（1）组合高与低的跨跳，并选择软的、碰到后会马上避开的障碍物；

（2）让儿童通过想象进行跨跳训练，如让儿童想象跨过一个水坑、一条河流、一个峡谷，还可以用两根绳子作为河的两岸；

（3）通过声音让儿童有节奏地练习，如一个铃声代表助跑、一个铃声代表跨跳；

（4）鼓励儿童用不同的腿做起跳腿与落地腿训练。

（十）踢

1. 运动技能

踢是一个物体控制技能，通过脚部将力量传递给物体（如图4-28至图4-30所示）。原地踢是这项技能的重点是踢静止的物体，这也是所有足球规则中最基本的踢法，对足部协调性也很重要。原地踢是儿童使用最广泛的一种踢法，也是最容易熟练掌握的一种踢法。

图4-28　踢球预摆姿势　　　图4-29　踢球　　　图4-30　踢球脚顺势摆动姿势

2. 动作组成

踢由以下动作组成：
（1）在踢的过程中，眼睛始终盯着球；
（2）向前、向侧摆臂；
（3）支撑腿放在球旁边；
（4）后摆时，踢腿膝盖屈曲至少90°；
（5）用脚内侧或脚背接触球；
（6）踢球脚顺势动作指向目标。

3. 注意事项

二年级的儿童可以比较好地掌握固定位置踢的基础动作，五年级的儿童可以掌握进阶动作。"踢"这个动作往往是儿童最后掌握的一项基本运动技能。

动作组成中（6）的分解动作非常依赖儿童的爆发力，在教学时更加强调速度，而不是精准度，应该给予足够多的训练机会以增加动作的熟练程度。

把球放在一个低球座上或者放在一个沙包上，这样儿童可以踢到球的底部。

沙滩球、气球、软球是理想的入门用球，这些球很大、很软，也不用担心儿童有受伤的风险。

4. 发展技能

教师指引儿童做以下动作：
（1）用眼睛盯住球；
（2）把非踢球脚落在球旁边；
（3）向前迈步，准备"踢"的动作；
（4）将踢球腿向后摆；
（5）摆动踢球腿相反的手臂；

（6）踢球后延续动作。

5. 常见问题

儿童在做"踢"的动作时，常常出现以下问题：
（1）眼睛看向目标而没有看球；
（2）非踢球脚置于球前或球后；
（3）踢球脚的膝盖在向后摆时没有弯曲；
（4）单脚站立踢球时无法保持身体平衡；
（5）用脚趾踢球；
（6）戳球或推球而不是踢球（导致没有踢球后续动作，或踢球腿过直）；
（7）在接触球前身体没有稍向后倾斜；
（8）与踢球脚相对的手臂贴于体侧，没有挥起；
（9）没有髋部的旋转动作；
（10）笔直的跑向球。

6. 训练技巧

在沙滩球、海绵球或气球上做一个小标志：
（1）儿童在准备踢球时瞄准小标志；
（2）儿童可以用力踢，因为是软球，不用担心受伤；
（3）儿童可扶着凳子保持身体平衡，非踢球脚放于球的一侧，摆动踢球脚向后，然后向前踢球；
（4）在离球一步远的位置做标记，为一个开始点。儿童用非踢球脚向前迈一步，将脚放置在球一侧，教师提示儿童迈步、踢，帮助儿童找到节奏并发力；
（5）两个儿童一组，讨论在踢球时手部的动作，儿童尝试不同的手部移动，并找出最佳的手部动作；
（6）儿童尝试用不同的方式踢球；
（7）儿童踢球时腿部笔直不弯曲；
（8）踢球脚不向后摆。

7. 拓展训练

（1）用一个物体将球垫高，如沙包或者障碍锥，球被抬高，儿童易于踢到球的底部；
（2）将两三个球摆成一排并设置不同高度，让儿童尝试不同高度的踢球后延续动作；
（3）轻的、软的球是很好的选择，可以使儿童在训练时更安全，在发力时也不用担心受伤。

（十一）躲避（变向）

1. 运动技能

躲避（变向）是一项身体移动技能，关系到很高的平衡与稳定的能力（如图4-31和图4-32所示）。这项技能是侧向滑步与冲刺跑的融合。这项技能被应用在大量运动中，尤其是以团队运动为主。

图4-31　屈膝准备姿势

图4-32　侧向垫步

2. 动作组成

躲避（变向）由以下动作组成：
（1）通过弯曲膝盖，以及用外侧腿发力来改变方向；
（2）通过移步来改变方向；
（3）当改变方向时，重心降低；
（4）目视前方；
（5）转向另一个方向训练。

3. 注意事项

二年级的儿童能初步掌握这项技能，五年级的儿童可以进阶掌握这项技能。儿童需要用一定的速度来完成这项技能。

用身体控制技能，如弯曲、旋转、转向、晃动都是很好的训练躲避技能的方式。儿童应在开始的时候练习两边躲闪。儿童通过障碍锥训练躲避，而不是让他们绕圈，外侧脚碰到障碍锥后再躲避，有助于强化训练，帮助他们很好地训练此项技能。

儿童可以通过改变脚的站位宽度来体验自己的支撑位置，通过站位的不同，体会哪种站位可以带来更好的支撑感，以此掌握技能。

4．发展技能

教师指引儿童做以下动作：
（1）眼睛向前看；
（2）用外侧腿发力；
（3）先降低重心，当改变方向时再抬高重心；
（4）只用一步改变方向；
（5）降低身体高度，转移身体重量。

5．常见问题

儿童在做躲避（变向）的动作时，常常出现以下问题：
（1）眼睛看向地面，或者眼睛找跑动的路线；
（2）膝盖弯度不够或还没转身前已经完成外侧腿发力；
（3）不能向两个方向做躲避动作；
（4）转向太慢，或需要再多几步才能完成；
（5）在转向的时候犹豫或停顿；
（6）在转向时没有头部及肩膀的假动作。

6．训练技巧

教师通过口令，训练儿童开始跑向下一点，或停止动作，让其脚步方便变向：
（1）脚步放宽变向；
（2）身体挺直变向；
（3）身体放低变向；
（4）让手臂紧贴身体。

7．拓展训练

（1）用障碍锥摆出 Z 路线；
（2）可以整体向前移动、向侧移动、向后移动；
（3）设计简单的路线，使儿童在训练中更安全。

三、儿童体适能课程环节和设计原理

儿童体适能课程设计要遵循儿童生长发育规律，尤其是动作发展规律。同时，也要考虑个体的特点，以适合儿童心智特点的游戏形式可以更好地促进他们发展动作。另外，要注重个体差异，因材施教。

（一）儿童体适能课程的目的

儿童体适能课程的目的即发展儿童的体适能，包括健康相关体适能及技能相关体适能。

健康相关体适能的锻炼可以增强儿童体质，使儿童更好地适应幼儿园及家庭日常生活，促进其身体生长发育。

技能相关体适能可以使儿童掌握基本运动技能，并发展相应的运动素质，为今后掌握运动项目打下基础。

（二）儿童体适能课程环节

儿童体适能的课程环节同其他课程类似，即准备、核心课程、整理放松三个环节。

1. 准备部分

准备部分通常为5分钟，教师集合整队，进行课程讲解，带领儿童做律动操或热身活动。

准备部分的目的是唤醒儿童的注意力，使其做好上课的身心准备。

2. 核心课程

核心课程为15～20分钟，以游戏的形式将体适能各项素质贯穿整节课，并由浅入深、由易到难地进行身体活动。道具的准备和摆放要注意安全防护到位。

核心课程根据需要可以分成2～3个部分，每一部分是前一部分内容的递进，可以是难度的变化，也可以是人员组合的变化。

3. 整理放松

作为课程的结束部分，可以用5分钟的时间让儿童收拾器材，做冷身运动。通

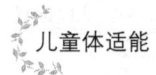

过让儿童帮助做场地的恢复工作，可以增加他们的参与感和责任感。

4．教案示例（见表 4-4）

表 4-4　＊＊园 2019—2020 年第一学期教案

日期：　　　　班级：大（1）班　　　人数：25 人　　　教师：＊＊＊

名称				
体适能目标				品格培养目标
内容	时间/分钟	环节	方法/组织	备注
准备部分	5	主题导入	引入袋鼠特点、习性	
		准备运动	牵拉下肢	
核心部分	20	动作模式	蹲、跳的正确姿势	
		体适能训练	游戏：调皮的袋鼠 基本模式：双脚跳 素质：平衡、协调	
			原地跳、向前跳、Z 字跳 素质：平衡、协调、速度	综合素质：服从规则
			"带宝宝回家"比赛 两队小朋友抱篮球接力 素质：速度	综合素质：团队合作
放松部分	5	牵拉	放松腿部	轻快音乐

（三）儿童体适能设计原则

1．趣味原则

学龄前儿童活泼好动，注意力不易集中，要想让儿童参与课程，就必须用有趣的内容来吸引他们，使其自愿参加。

如何增加有趣性？一是可以选取该年龄段儿童喜好的动画片人物，通过模拟加强儿童的认同感。二是可以用故事的形式进行情景代入，让儿童的想象力得到发挥，产生主人翁情结。三是道具的变化可以给儿童新奇感，增加他们对课程的兴趣。四是可以通过扮演小动物，使儿童进入角色，并根据动物的特性在活动中训练动作模式。

2. 安全原则

安全是第一要任，必须高度重视。一是器械的安全，教师应在课前检查器械是否有松动、破损的现象，如发现要及时更换。二是场地的安全，教师应在课前、课中留意是否有湿滑的地面等。三是小朋友们着装的安全，如衣服上是否有长绳，活动过程中鞋带是否松开，等等。四是预防儿童受伤，要做好课前的准备活动和课后的放松整理活动。

3. 教育原则

作为教学内容的一部分，儿童体适能不仅仅是身体的活动，在活动当中也有心智的教育。例如，"红绿灯"游戏就是让儿童听口令或看指示进行活动，让他们学习跑、走、停动作技能的同时，掌握"红灯停、绿灯行、黄灯等一等"的生活常识或规则；"小小搬运工"游戏让儿童在锻炼协调能力、平衡能力的同时，学会如何团结协作。

4. 个体化原则

由于儿童生长发育存在个体差异，因此，在课程中不能寄望所有儿童达到要求。

个体化的同时要注意儿童的心理，避免使用批评的语句，应该以鼓励为主。例如，有些儿童不敢走平衡木时，教师要加以辅助。越是低龄儿童越应减少竞争性游戏，要以集体活动增加他们的参与热情。

5. 循序渐进原则

由于儿童的兴趣转移很快，尤其是幼儿，在一节课的设计中要有所变化，做同样的事但增加课程元素，如增加同伴、器材、完成难度，等等。

在循序渐进的过程中要观察儿童的接受程度，适时给予鼓励。

第五章

儿童体育测量与评价

学龄前儿童的身体素质是国家综合实力发展的重要基础之一，学龄前儿童以及青少年是未来祖国稳定发展的后备力量，他们的身体素质好坏关系国民体质未来的发展情况。对学龄前体育的测量与评价，对整个学龄前体育教育或身体健康活动的监控，是教育单位对幼儿体育教育质量的量化考核方式之一，也是《健康中国2030纲要》下对幼儿身体机能情况的大数据统计分析的原始资料。幼儿体育测量与评价体系对我国幼儿体育的发展有着重要的促进作用。

一、体质健康的基本概念

（一）体质

体质和健康是人类自身拥有的两项基本属性。体质是人体生命活动、生活和工作能力的基础，在遗传性和获得性的基础上表现出人体形态构造、生理功能和心理因素等综合的、相对稳定的特点。[①]

（二）学龄前儿童体质

学龄前儿童体质，是指人体的质量，由身体形态、身体素质两个部分组成。这一定义明确地指出了人的体质受到遗传及后天生存环境的双重影响。[②]

（三）身体形态

人体的形状称为形态，形态表达了人体体型，是人体生长发育水平评价的主要指标之一。3～6岁幼儿身体形态的测试指标包括身高、体重、腰围和皮褶厚度（上臂皮褶厚度、肩胛皮褶厚度、腹部皮褶厚度）。

（四）BMI 指数

BMI 指数是身体质量指数，简称体质指数或体重指数，是用体重（千克）数除以身高（米数）的平方得出的数字，是目前国际上常用的衡量人体胖瘦程度以

[①] 曹莹：《儿童肥胖的影响因素及预防》，载《健康与生物医药》2009年第2期，第202－203页。

[②] 李一辰、潘迎、赵娟：《北京市3～6岁儿童生活方式对体质影响的研究》，载《中国儿童保健杂志》，2011年第6期，第563－565页。

及是否健康的一个标准。

（五）身体素质

身体素质,通常指的是人体肌肉活动的基本能力,是人体各器官系统的机能在肌肉工作中的综合反映。身体素质一般包括力量、速度、耐力、灵敏、柔韧等。身体素质的强弱,是衡量一个人体质状况的重要标志之一。[①]

（六）身体素质指标综评

身体素质指标综合评价包括体育的发展水平、身高和体重、胸围、上臂围、坐高与体成分的测定、皮脂厚度、体脂比重、去脂体重等指标。身体素质和运动能力水平,即身体在运动中表现出来的力量、速度、耐力、灵敏性。[②]

二、国内外幼儿体测的发展历史

（一）我国幼儿体测的发展历史

幼儿体质健康工作与学生、成年人和老年人的体质健康工作一样,都属于我国国民体质健康工作的一部分,随着国民体质健康工作的开展,幼儿体质健康事业发展迅速。[③] 关于国内幼儿体质健康调研从1975年就开始了,我国对16个省、市的幼儿进行了大规模体质测试的工作。之后,我国又于1985年、1991年、1995年、2000年、2005年和2010年进了全国幼儿体质健康调研工作,研究指标越来越科学和完善,采取了较为科学和积极的措施,使我国的体质研究目的较为清晰、计划较为合理、组织较为科学和系统并具有相当规模,取得了相对明显的效果。随着我国社会事业的快速发展,我国幼儿体质健康工作每五年都会上一个新台阶。[④]

[①] 陈捷:《山西省学龄前儿童体质变化特点的研究》（硕士学位论文）,中北大学2014年。
[②] 刘卓娅、孙艳、余毅震:《青少年睡眠时间静态活动与超重肥胖的关系》,载《中国学校卫生》2012年第3期,第311－314页。
[③] 马冠生、李艳平、武阳丰等:《1992至2002年间中国居民超重率和肥胖率的变化》,载《中华预防医学杂志》2005年第39期,第311－315页。
[④] 孙亚青:《河南将城市幼儿园幼儿体质现状调查与对策研究》（硕士学位论文）,河南大学2007年。

（二）日本幼儿体测的发展历史

日本是非常重视青少年体质，是最早进行青少年体质调研的国家之一。从1900年开始，日本每年都会对本国的青少年以及儿童做一次身体指标检测，在这100年间，随着日本国家的经济增长，测试对象由单一的青少年、儿童逐步发展到现在的加入成年人以及老年人的测试。[1]日本最早的体质检测可以追溯到1879年，他们主要对学生进行，包括身高、体重、胸围、上臂围、下肢围、饮食量、肺活量、握力8项指标检测，在此之后又增加了悬垂曲臂和疾病检查。[2]2000年，日本政府推行第三次国民健康促进运动，又被称为"健康日本21"计划，这是即将跨入新世纪，日本对国民健康的战略，[3]以此用来对本国国民的身体健康状况进行综合评定。

（三）美国的发展历史

美国在很早就已经开始对国民进行体质监测，是较早启用体质监测的国家之一。从1850年开始，美国就启用了第一个国民体质检测方法——体力检测法，这种方法在美国持续使用将近50年。[4]美国早在20世纪50年代就推出了以田径项目为主的"体力及格测验标准"，同时在全国范围内颁布了"总统健身委员会"的体育条例，有效地改善了本国国民体质，特别是提高了青少年以及部队士兵的体质水平。总统健身委员会于1986年又颁发了新的测验内容，并公布国家体力标准和相应的锻炼方法，以鼓励国民参加体育锻炼，增强体质。[5]2000年，美国又制定了"2000年健康人的十年体育规划"。

---

[1] 江崇民、于道中、侯新民：《1997年中国成人体质观测结果的分析与研究》，载《体育科学》1999年第4期，第85-89页。

[2] 计秋菊：《大连市大学生不同生活方式对体质健康的影响》（硕士学位论文），辽宁师范大学2012年。

[3] 大泽清二、季成叶：《中国人（汉族）青年的形态变异和生态学的相关》，载《日本学校保健研究》1995年第37期，第318-328页。

[4] 陈捷：《山西省学龄前儿童体质变化特点的研究》（硕士学位论文），中北大学2014年。

[5] 沈勋章、赵文杰：《21世纪我国成年人体质监测工作的管理与思考》，载《四川体育科学》1998年第1期，第63-67页。

三、幼儿体测标准

（一）项目设置

对于现阶段的学龄前儿童来讲，他们的身体正处于快速生长发育时期，体质的好坏不仅关系个人身体健康，还关系社会文明和进步，影响着国家和地区的整体发展。综合评定全面反映了儿童的综合体质健康情况，幼儿体质总分是采用《国民体质测定标准》（2023年修订）的评分标准，将幼儿2个身体形态指标（标准身高、体重）和6个身体素质指标（坐位体前屈、15米绕障碍跑、立定跳远、握力、双脚连续跳和走平衡木）的各个单项指标得分进行相加所得，幼儿体质等级总体评价根据幼儿各单项得分之和分为优秀、良好、合格和不合格4个等级，其得分的高低综合体现了该幼儿在形态和素质的发展水平，分值越高表明其体质水平发展状况越好。（见表5-1）

表5-1 幼儿体测标准

项目	意义	测试方法
坐位体前屈	反映躯干和下肢柔韧性	幼儿面向仪器坐在垫子上，双腿向前伸直；脚跟并拢，蹬在测试仪的挡板上，脚尖自然分开。测试时，幼儿双手并拢，掌心向下平伸，膝关节伸直，上体前屈，用双手中指指尖推动游标平滑前进，直到不能推动为止
立定跳远	反映下肢爆发力	幼儿两脚自然分开，站立在起跳线然后，摆动双臂，双脚蹬地尽力向前跳
握力	反映上肢手部肌肉力量	幼儿两脚自然分开站立，与肩同宽，两臂斜下垂，掌心向内，用最大力紧握握力器握柄。连续测试2次，记录并保存最好成绩
双脚连续跳	反映协调性和下肢肌肉力量	幼儿两脚并拢站在"起跳线"后，听到"开始"的口令后，双脚起跳，连续跳过10个软方包停止
15米障碍跑	反映人体的灵敏素质	幼儿两腿前后分开，站立在起跑线后；当听到起跑信号后，立即起跑，依次绕过障碍物，直奔目标线
走平衡木	反映人体平衡能力	幼儿站在"起点线"后的平台上，面向平衡木，双臂侧平举，当听到"开始"的口令后，两脚交替向"终点线"前进

（二）评分方法及标准

1. 评分方法

评分方法采用两个维度，即单项评分（见表5-2）和综合评级方法（见表5-3和表5-4），进行评定。单项评分采用100分制。

表5-2 单项评分

等级	一级	二级	三级	四级
维度	优秀	良好	合格	不合格

表5-3 幼儿体质综合评级指标及其权重

一级指标	二级指标	权重
身体形态（30%）	身高	0.20
	体重指数（BMI）	0.10
身体素质（70%）	握力	0.10
	立定跳远	0.10
	坐位体前屈	0.10
	双脚连续跳	0.15
	15米绕障碍跑	0.10
	走平衡木	0.15

注：BMI=体重/身高^2（千克/米^2）。

表5-4 3~6岁幼儿体质综合评级得分

等级	得分a
一级（优秀）	A≥83分
二级（良好）	75分≤a<83分
三级（合格）	60分≤a<75分
四级（不合格）	a<60分

注：3~6岁幼儿体质综合得分a=身高×0.20+体重指数（BMI）×0.10+握力×0.10+立定跳远×0.10+坐位体前屈×0.10+双脚连续跳×0.15+15米绕障碍跑×0.10+走平衡木×0.15。

2. 各单项指标评分标准（见表5-5至表5-20）

表5-5 男性幼儿身高评分（单位：厘米）

分值	3岁	3.5岁	4岁	4.5岁	5岁	5.5岁	6岁
10分	<92.1	<94.6	<98.1	<100.8	<104.3	<106.9	<108.8
30分	92.1～93.1	94.6～95.5	98.1～99.1	100.8～101.8	104.3～105.4	106.9～108.1	108.8～110.1
50分	93.2～95.7	95.6～98.2	99.2～101.9	101.9～104.7	105.5～108.4	108.2～111.3	110.2～113.6
55分	95.8～97.2	98.3～99.8	102.0～103.6	104.8～106.4	108.5～110.1	111.4～113.1	113.7～115.6
60分	97.3～98.4	99.9～101.0	103.7～104.8	106.5～107.7	110.2～111.5	113.2～114.6	115.7～117.3
65分	98.5～99.4	101.1～102.1	104.9～106.0	107.8～108.9	111.6～112.8	114.7～116.0	117.4～118.7
70分	99.5～100.4	102.2～103.1	106.1～107.1	109.0～110.0	112.9～113.9	116.1～117.2	118.8～120.1
75分	100.5～101.5	103.2～104.3	107.2～108.2	110.1～111.2	114.0～115.2	117.3～118.5	120.2～121.5
80分	101.6～102.8	104.4～105.6	108.3～109.6	111.3～112.5	115.3～116.6	118.6～120.0	121.6～123.1
85分	102.9～104.5	105.7～107.3	109.7～111.3	112.6～114.3	116.7～118.3	120.1～121.8	123.2～125.1
90分	104.6～105.7	107.4～108.5	111.4～112.5	114.4～115.5	118.4～119.6	121.9～123.1	125.2～126.4
95分	105.8～107.6	108.6～110.4	112.6～114.4	115.6～117.3	119.7～121.4	123.2～124.9	126.5～128.3
100分	≥107.7	≥110.5	≥114.5	≥117.4	≥121.5	≥125.0	≥128.4

表5-6 女性幼儿身高评分（单位：厘米）

分值	3岁	3.5岁	4岁	4.5岁	5岁	5.5岁	6岁
10分	<91.0	<93.5	<97.3	<99.9	<103.4	<106.3	<108.0
30分	91.0～91.9	93.5～94.5	97.3～98.3	99.9～100.9	103.4～104.5	106.3～107.4	108.0～109.2
50分	92.0～94.5	94.6～97.3	98.4～101.1	101.0～103.7	104.6～107.4	107.5～110.4	109.3～112.6
55分	94.6～96.0	97.4～98.9	101.2～102.7	103.8～105.4	107.5～109.1	110.5～112.2	112.7～114.6
60分	96.1～97.2	99.0～100.1	102.8～104.0	105.5～106.6	109.2～110.5	112.3～113.6	114.7～116.2
65分	97.3～98.2	100.2～101.2	104.1～105.1	106.7～107.8	110.6～111.7	113.7～114.8	116.3～117.7
70分	98.3～99.2	101.3～102.2	105.2～106.2	107.9～108.9	111.8～112.8	114.9～116.0	117.7～119.0
75分	99.3～100.3	102.3～103.4	106.3～107.3	109.0～110.0	112.9～114.0	116.1～117.3	119.1～120.4
80分	100.4～101.6	103.5～104.7	107.4～108.6	110.1～111.4	114.1～115.4	117.4～118.7	120.5～122.0
85分	101.7～103.3	104.8～106.5	108.7～110.4	111.5～113.1	115.5～117.2	118.8～120.5	122.1～124.1
90分	103.4～104.6	106.6～107.8	110.5～111.7	113.2～114.3	117.3～118.5	120.6～121.8	124.2～125.4

续表

分值	3岁	3.5岁	4岁	4.5岁	5岁	5.5岁	6岁
95分	104.7~106.7	107.9~109.9	111.8~113.6	114.4~116.2	118.6~120.4	121.9~123.7	125.5~127.5
10分	≥106.8	≥110.0	≥113.7	≥116.3	≥120.5	≥123.8	≥127.6

表5-7 男性幼儿BMI评分（单位：千克/米²）

年龄	60分	100分	60分	20分
36月	<13.4	13.4~18.4	18.5~20.0	≥20.1
37月	<13.3	13.3~18.3	18.4~19.9	≥20.0
38月	<13.3	13.3~18.3	18.4~19.9	≥20.0
39月	<13.3	13.3~18.3	18.4~19.9	≥20.0
40月	<13.2	13.2~18.2	18.3~19.9	≥20.0
41月	<13.2	13.2~18.2	18.3~19.9	≥20.0
42月	<13.2	13.2~18.2	18.3~19.8	≥19.9
43月	<13.2	13.2~18.2	18.3~19.8	≥19.9
44月	<13.1	13.1~18.2	18.3~19.8	≥19.9
45月	<13.1	13.1~18.2	18.3~19.8	≥19.9
46月	<13.1	13.1~18.2	18.3~19.8	≥19.9
47月	<13.1	13.1~18.2	18.3~19.9	≥20.0
48月	<13.1	13.1~18.2	18.3~19.9	≥20.0
49月	<13.0	13.0~18.2	18.3~19.9	≥20.0
50月	<13.0	13.0~18.2	18.3~19.9	≥20.0
51月	<13.0	13.0~18.2	18.3~19.9	≥20.0
52月	<13.0	13.0~18.2	18.3~19.9	≥20.0
53月	<13.0	13.0~18.2	18.3~20.0	≥20.1
54月	<13.0	13.0~18.2	18.3~20.0	≥20.1
55月	<13.0	13.0~18.2	18.3~20.0	≥20.1
56月	<12.9	12.9~18.2	18.3~20.1	≥20.2
57月	<12.9	12.9~18.2	18.3~20.1	≥20.2
58月	<12.9	12.9~18.3	18.4~20.2	≥20.3
59月	<12.9	12.9~18.3	18.4~20.2	≥20.3
60月	<12.9	12.9~18.3	18.4~20.3	≥20.4

续表

年龄	60 分	100 分	60 分	20 分
61 月	<13.0	13.0～16.6	16.7～18.3	≥18.4
62 月	<13.0	13.0～16.6	16.7～18.3	≥18.4
63 月	<13.0	13.0～16.7	16.8～18.3	≥18.4
64 月	<13.0	13.0～16.7	16.8～18.3	≥18.4
65 月	<13.0	13.0～16.7	16.8～18.3	≥18.4
66 月	<13.0	13.0～16.7	16.8～18.4	≥18.5
67 月	<13.0	13.0～16.7	16.8～18.4	≥18.5
68 月	<13.0	13.0～16.7	16.8～18.4	≥18.5
69 月	<13.0	13.0～16.7	16.8～18.4	≥18.5
70 月	<13.0	13.0～16.7	16.8～18.5	≥18.6
71 月	<13.0	13.0～16.7	16.8～18.5	≥18.6
6.0 岁	≤13.4	13.5～16.3	16.4～17.6	≥17.7
6.5 岁	≤13.8	13.9～16.6	16.7～18.0	≥18.1

注：幼儿 BMI 评分标准参考《WS/T 423—2013 行业标准：5 岁以下儿童生长状况判定》《WS/T 586—2018 学龄儿童青少年超重与肥胖筛查》《WS/T 456—2014 学龄儿童青少年营养不良筛查》。

表 5-8　女性幼儿 BMI 评分（单位：千克/米^2）

年龄	60 分	100 分	60 分	20 分
36 月	<13.1	13.1～18.4	18.5～20.3	≥20.4
37 月	<13.1	13.1～18.4	18.5～20.3	≥20.4
38 月	<13.0	13.0～18.4	18.5～20.3	≥20.4
39 月	<13.0	13.0～18.4	18.5～20.3	≥20.4
40 月	<13.0	13.0～18.4	18.5～20.3	≥20.4
41 月	<13.0	13.0～18.4	18.5～20.4	≥20.5
42 月	<12.9	12.9～18.4	18.5～20.4	≥20.5
43 月	<12.9	12.9～18.4	18.5～20.4	≥20.5
44 月	<12.9	12.9～18.5	18.6～20.5	≥20.6
45 月	<12.9	12.9～18.5	18.6～20.5	≥20.6
46 月	<12.9	12.9～18.5	18.6～20.5	≥20.6
47 月	<12.8	12.8～18.5	18.6～20.5	≥20.6

续表

年龄	60分	100分	60分	20分
48月	<12.8	12.8～18.5	18.6～20.6	≥20.7
49月	<12.8	12.8～18.5	18.6～20.6	≥20.7
50月	<12.8	12.8～18.6	18.7～20.7	≥20.8
51月	<12.8	12.8～18.6	18.7～20.7	≥20.8
52月	<12.8	12.8～18.6	18.7～20.7	≥20.8
53月	<12.7	12.7～18.6	18.7～20.8	≥20.9
54月	<12.7	12.7～18.7	18.8～20.8	≥20.9
55月	<12.7	12.7～18.7	18.8～20.9	≥21.0
56月	<12.7	12.7～18.7	18.8～20.9	≥21.0
57月	<12.7	12.7～18.7	18.8～1.0	≥21.1
58月	<12.7	12.7～18.8	18.9～21.0	≥21.1
59月	<12.7	12.7～18.8	18.9～21.0	≥21.1
60月	<12.7	12.7～18.8	18.9～21.1	≥21.2
61月	<12.7	12.7～16.9	17.0～18.9	≥19.0
62月	<12.7	12.7～16.9	17.0～18.9	≥19.0
63月	<12.7	12.7～16.9	17.0～18.9	≥19.0
64月	<12.7	12.7～16.9	17.0～18.9	≥19.0
65月	<12.7	12.7～16.9	17.0～19.0	≥19.1
66月	<12.7	12.7～16.9	17.0～19.0	≥19.1
67月	<12.7	12.7～16.9	17.0～19.0	≥19.1
68月	<12.7	12.7～17.0	17.1～19.1	≥19.2
69月	<12.7	12.7～17.0	17.1～19.1	≥19.2
70月	<12.7	12.7～17.0	17.1～19.1	≥19.2
71月	<12.7	12.7～17.0	17.1～19.2	≥19.3
6.0岁	≤13.1	13.2～16.1	16.2～17.4	≥17.5
6.5岁	≤13.3	13.4～16.4	16.5～17.9	≥18.0

表5-9 男性幼儿握力评分（单位：千克）

分值	3岁	3.5岁	4岁	4.5岁	5岁	5.5岁	6岁
10分	<1.6	<1.8	<2.1	<2.4	<2.7	<2.9	<3.2

续表

分值	3岁	3.5岁	4岁	4.5岁	5岁	5.5岁	6岁
30分	1.6～1.7	1.8～2.0	2.1～2.3	2.4～2.7	2.7～3.0	2.9～3.4	3.2～3.7
50分	1.8～2.3	2.1～2.7	2.4～3.2	2.8～3.7	3.1～4.2	3.5～4.8	3.8～5.4
55分	2.4～2.8	2.8～3.2	3.3～3.8	3.8～4.4	4.3～5.0	4.9～5.6	5.5～6.3
60分	2.9～3.1	3.3～3.7	3.9～4.3	4.5～5.0	5.1～5.7	5.7～6.4	6.4～7.1
65分	3.2～3.5	3.8～4.1	4.4～4.8	5.1～5.5	5.8～6.2	6.5～7.0	7.2～7.8
70分	3.6～3.9	4.2～4.6	4.9～5.3	5.6～6.1	6.3～6.8	7.1～7.6	7.9～8.5
75分	4.0～4.4	4.7～5.1	5.4～5.9	6.2～6.6	6.9～7.4	7.7～8.3	8.6～9.2
80分	4.5～5.0	5.2～5.7	6.0～6.5	6.7～7.3	7.5～8.1	8.4～9.0	9.3～10.0
85分	5.1～5.8	5.8～6.5	6.6～7.3	7.4～8.2	8.2～9.1	9.1～10.0	10.1～11.0
90分	5.9～6.4	6.6～7.1	7.4～7.9	8.3～8.8	9.2～9.7	10.1～10.7	11.1～11.7
95分	6.5～7.3	7.2～8.0	8.0～8.9	8.9～9.8	9.8～10.7	10.8～11.7	11.8～12.7
100分	≥7.4	≥8.1	≥9.0	≥9.9	≥10.8	≥11.8	≥12.8

表5-10 女性幼儿握力评分（单位：千克）

分值	3岁	3.5岁	4岁	4.5岁	5岁	5.5岁	6岁
10分	<1.5	<1.6	<1.9	<2.0	<2.2	<2.4	<2.8
30分	1.5～1.6	1.6～1.7	1.9～2.0	2.0～2.2	2.2～2.5	2.4～2.7	2.8～3.2
50分	1.7～2.1	1.8～2.3	2.1～2.8	2.3～3.1	2.6～3.5	2.8～3.9	3.3～4.5
55分	2.2～2.4	2.4～2.8	2.9～3.3	3.2～3.7	3.6～4.2	4.0～4.6	4.6～5.4
60分	2.5～2.8	2.9～3.2	3.4～3.8	3.8～4.2	4.3～4.8	4.7～5.3	5.5～6.0
65分	2.9～3.1	3.3～3.6	3.9～4.3	4.3～4.7	4.9～5.4	5.4～5.9	6.1～6.7
70分	3.2～3.5	3.7～4.0	4.4～4.7	4.8～5.2	5.5～5.9	5.9～6.4	6.8～7.3
75分	3.6～3.9	4.1～4.4	4.8～5.2	5.3～5.7	6.0～6.5	6.5～7.0	7.4～7.9
80分	4.0～4.5	4.5～5.0	5.3～5.8	5.8～6.4	6.6～7.2	7.1～7.8	8.0～8.7
85分	4.6～5.2	5.1～5.7	5.9～6.7	6.5～7.2	7.3～8.1	7.9～8.7	8.8～9.7
90分	5.3～5.8	5.8～6.3	6.8～7.3	7.3～7.8	8.2～8.8	8.8～9.3	9.8～10.4
95分	5.9～6.8	6.4～7.2	7.4～8.3	7.9～8.7	8.9～9.7	9.4～10.4	10.5～11.6
100分	≥6.9	≥7.3	≥8.4	≥8.8	≥9.8	≥10.5	≥11.7

表 5-11　男性幼儿立定跳远评分（单位：厘米）

分值	3 岁	3.5 岁	4 岁	4.5 岁	5 岁	5.5 岁	6 岁
10 分	<25	<28	<41	<49	<58	<64	<69
30 分	25～26	28～31	41～44	49～52	58～61	64～67	69～72
50 分	27～33	32～40	45～54	53～63	62～71	68～78	73～82
55 分	34～39	41～47	55～60	64～69	72～78	79～84	83～88
60 分	40～43	48～52	61～65	70～75	79～83	85～89	89～93
65 分	44～48	53～57	66～70	76～79	84～87	90～94	94～98
70 分	49～53	58～62	71～75	80～84	88～92	95～99	99～103
75 分	54～58	63～68	76～80	85～88	93～96	100～103	104～107
80 分	59～64	69～73	81～85	89～93	97～101	104～108	108～112
85 分	65～71	74～80	86～91	94～98	102～107	109～113	113～118
90 分	72～76	81～84	92～95	99～102	108～110	114～117	119～122
95 分	77～83	85～90	96～101	103～107	111～115	118～122	123～128
100 分	≥84	≥91	≥102	≥108	≥116	≥123	≥129

表 5-12　女性幼儿立定跳远评分（单位：厘米）

分值	3 岁	3.5 岁	4 岁	4.5 岁	5 岁	5.5 岁	6 岁
10 分	<25	<29	<41	<47	<57	<63	<67
30 分	25～26	29～31	41～43	47～50	57～60	63～66	67～69
50 分	27～33	32～40	44～53	51～61	61～69	67～75	70～78
55 分	34～38	41～46	54～59	62～67	70～74	76～81	79～83
60 分	39～42	47～51	60～63	68～71	75～79	82～85	84～88
65 分	43～47	52～56	64～68	72～75	80～83	86～89	89～92
70 分	48～52	57～61	69～72	76～79	84～86	90～93	93～95
75 分	53～57	62～65	73～76	80～83	87～90	94～97	96～99
80 分	58～62	66～70	77～81	84～87	91～95	98～101	100～104
85 分	63～69	71～76	82～87	88～93	96～100	102～106	105～110
90 分	70～74	77～80	88～91	94～96	101～104	107～110	111～114
95 分	75～80	81～86	92～97	97～102	105～109	111～115	115～120
100 分	≥81	≥87	≥98	≥103	≥110	≥116	≥121

第五章 儿童体育测量与评价

表5-13 男性幼儿坐位体前屈评分（单位：厘米）

分值	3岁	3.5岁	4岁	4.5岁	5岁	5.5岁	6岁
10分	<0.7	<0.6	<0.1	<-0.6	<-1.4	<-2.1	<-2.8
30分	0.7~2.0	0.6~2.0	0.1~1.5	-0.6~0.8	-1.4~0.1	-2.1~0.6	-2.8~1.2
50分	2.1~5.2	2.1~5.2	1.6~4.9	0.9~4.3	0.2~3.6	-0.5~3.1	-1.1~2.5
55分	5.3~6.9	5.3~7.0	5.0~6.6	4.4~6.1	3.7~5.5	3.2~5.0	2.6~4.5
60分	7.0~8.2	7.1~8.3	6.7~8.0	6.2~7.5	5.6~6.9	5.1~6.5	4.6~6.0
65分	8.3~9.3	8.4~9.4	8.1~9.1	7.6~8.7	7.0~8.1	6.6~7.7	6.1~7.3
70分	9.4~10.3	9.5~10.5	9.2~10.3	8.8~9.8	8.2~9.3	7.8~9.0	7.4~8.5
75分	10.4~11.4	10.6~11.6	10.4~11.4	9.9~11.0	9.4~10.5	9.1~10.2	8.6~9.8
80分	11.5~12.7	11.7~12.9	11.5~12.8	11.1~12.4	10.6~11.9	10.3~11.7	9.9~11.3
85分	12.8~14.4	13.0~14.6	12.9~14.5	12.5~14.2	12.0~13.8	11.8~13.6	11.4~13.3
90分	14.5~15.6	14.7~15.9	14.6~15.8	14.3~15.5	13.9~15.2	13.7~15.0	13.4~14.8
95分	15.7~17.6	16.0~17.9	15.9~17.9	15.6~17.7	15.3~17.4	15.1~17.3	14.9~17.1
100分	≥17.7	≥18.0	≥18.0	≥17.8	≥17.5	≥17.4	≥17.2

表5-14 女性幼儿坐位体前屈评分（单位：厘米）

分值	3岁	3.5岁	4岁	4.5岁	5岁	5.5岁	6岁
10分	<1.7	<2.0	<2.2	<2.0	<1.8	<1.5	<1.0
30分	1.7~3.0	2.0~3.3	2.2~3.5	2.0~3.4	1.8~3.2	1.5~3.0	1.0~2.5
50分	3.1~6.2	3.4~6.5	3.6~6.7	3.5~6.7	3.3~6.6	3.1~6.5	2.6~6.2
55分	6.3~7.9	6.6~8.2	6.8~8.4	6.8~8.5	6.7~8.4	6.6~8.4	6.3~8.1
60分	8.0~9.1	8.3~9.5	8.5~9.7	8.6~9.8	8.5~9.8	8.5~9.8	8.2~9.6
65分	9.2~10.2	9.6~10.6	9.8~10.8	9.9~10.9	9.9~11.0	9.9~11.0	9.7~10.9
70分	10.3~11.3	10.7~11.6	10.9~11.9	11.0~12.0	11.1~12.1	11.1~12.2	11.0~12.1
75分	11.4~12.4	11.7~12.8	12.0~13.0	12.1~13.1	12.2~13.3	12.3~13.4	12.2~13.4
80分	12.5~13.6	12.9~14.0	13.1~14.3	13.2~14.5	13.4~14.6	13.5~14.8	13.5~14.8
85分	13.7~15.3	14.1~15.7	14.4~16.0	14.6~16.2	14.7~16.4	14.9~16.6	14.9~16.8
90分	15.4~16.5	15.8~16.9	16.1~17.3	16.3~17.5	16.5~17.7	16.7~18.0	16.9~18.2
95分	16.6~18.5	17.0~18.9	17.4~19.3	17.6~19.5	17.8~19.8	18.1~20.2	18.3~20.4
100分	≥18.6	≥19.0	≥19.4	≥19.6	≥19.9	≥20.3	≥20.5

表5-15 男性双脚连续跳评分（单位：秒）

分值	3岁	3.5岁	4岁	4.5岁	5岁	5.5岁	6岁
10分	>19.8	>17.4	>14.1	>12.5	>10.9	>10.3	>9.3
30分	19.8~18.4	17.4~16.0	14.1~13.1	12.5~11.6	10.9~10.2	10.3~9.5	9.3~8.7
50分	18.3~14.7	15.9~12.7	13.0~10.7	11.5~9.4	10.1~8.4	9.4~7.8	8.6~7.4
55分	14.6~12.8	12.6~11.0	10.6~9.4	9.3~8.3	8.3~7.6	7.7~7.0	7.3~6.7
60分	12.7~11.3	10.9~9.8	9.3~8.5	8.2~7.6	7.5~6.9	6.9~6.5	6.6~6.2
65分	11.2~10.0	9.7~8.8	8.4~7.7	7.5~7.0	6.8~6.4	6.4~6.0	6.1~5.8
70分	9.9~9.0	8.7~7.9	7.6~7.1	6.9~6.4	6.3~6.0	5.9~5.7	5.7~5.5
75分	8.9~8.0	7.8~7.2	7.0~6.5	6.3~6.0	5.9~5.6	5.6~5.3	5.4~5.2
80分	7.9~7.2	7.1~6.6	6.4~6.0	5.9~5.6	5.5~5.3	5.2~5.0	5.1~4.9
85分	7.1~6.4	6.5~6.0	5.9~5.5	5.5~5.2	5.2~4.9	4.9~4.7	4.8~4.6
90分	6.3~6.0	5.9~5.6	5.4~5.2	5.1~4.9	4.8~4.7	4.6	4.5
95分	5.9~5.5	5.5~5.2	5.1~4.9	4.8~4.7	4.6~4.5	4.5~4.4	4.4~4.2
100分	≤5.4	≤5.1	≤4.8	≤4.6	≤4.4	≤4.3	≤4.1

表5-16 女性幼儿双脚连续跳评分（单位：秒）

分值	3岁	3.5岁	4岁	4.5岁	5岁	5.5岁	6岁
10分	>19.6	>17.3	>14.0	>12.2	>11.1	>10.1	>9.3
30分	19.6~18.3	17.3~16.1	14.0~13.0	12.2~11.4	11.1~10.3	10.1~9.4	9.3~8.8
50分	18.2~14.9	16.0~12.9	12.9~10.6	11.3~9.4	10.2~8.5	9.3~7.8	8.7~7.5
55分	14.8~13.0	12.8~11.3	10.5~9.4	9.3~8.4	8.4~7.7	7.7~7.1	7.4~6.8
60分	12.9~11.5	11.2~10.1	9.3~8.5	8.3~7.7	7.6~7.0	7.0~6.6	6.7~6.4
65分	11.4~10.3	10.0~9.1	8.4~7.8	7.6~7.1	6.9~6.6	6.5~6.2	6.3~6.0
70分	10.2~9.3	9.0~8.2	7.7~7.2	7.0~6.6	6.5~6.1	6.1~5.8	5.9~5.7
75分	9.2~8.3	8.1~7.5	7.1~6.7	6.5~6.2	6.0~5.8	5.7~5.5	5.6~5.4
80分	8.2~7.5	7.4~6.8	6.6~6.2	6.1~5.8	5.7~5.4	5.4~5.2	5.3~5.1
85分	7.4~6.6	6.7~6.2	6.1~5.7	5.7~5.4	5.3~5.1	5.1~4.9	5.0~4.8
90分	6.5~6.2	6.1~5.8	5.6~5.4	5.3~5.1	5.0~4.9	4.8~4.7	4.7~4.6
95分	6.1~5.6	5.7~5.4	5.3~5.1	5.0~4.9	4.8~4.6	4.6~4.5	4.5~4.4
100分	≤5.5	≤5.3	≤5.0	≤4.8	≤4.5	≤4.4	≤4.3

表 5-17 男性幼儿 15 米绕障碍跑评分（单位：厘米）

分值	3 岁	3.5 岁	4 岁	4.5 岁	5 岁	5.5 岁	6 岁
10 分	>15.2	>14.2	>13.3	>12.6	>12.0	>11.6	>11.2
30 分	15.2~14.4	14.2~13.3	13.3~12.5	12.6~11.7	12.0~11.1	11.6~10.7	11.2~10.3
50 分	14.3~12.4	13.2~11.4	12.4~10.6	11.6~9.9	11.0~9.4	10.6~8.9	10.2~8.6
55 分	12.3~11.4	11.3~10.5	10.5~9.8	9.8~9.1	9.3~8.6	8.8~8.3	8.5~8.0
60 分	11.3~10.7	10.4~9.9	9.7~9.2	9.0~8.7	8.5~8.2	8.2~7.8	7.9~7.6
65 分	10.6~10.2	9.8~9.4	9.1~8.8	8.6~8.3	8.1~7.9	7.7~7.5	7.5~7.3
70 分	10.1~9.7	9.3~9.0	8.7~8.4	8.2~8.0	7.8~7.6	7.4~7.3	7.2~7.1
75 分	9.6~9.2	8.9~8.6	8.3~8.1	7.9~7.6	7.5~7.3	7.2~7.0	7.0~6.9
80 分	9.1~8.8	8.5~8.2	8.0~7.7	7.5~7.3	7.2~7.0	6.9~6.7	6.8~6.6
85 分	8.7~8.2	8.1~7.7	7.6~7.3	7.2~6.9	6.9~6.6	6.7~6.4	6.5~6.3
90 分	8.1~7.8	7.6~7.4	7.2~7.0	6.8~6.7	6.5~6.4	6.3~6.2	6.2~6.1
95 分	7.7~7.3	7.3~6.9	6.9~6.6	6.6~6.3	6.3~6.1	6.1~5.9	6.0~5.8
100 分	≤7.2	≤6.8	≤6.5	≤6.2	≤6.0	≤5.8	≤5.7

表 5-18 女性幼儿 15 米绕障碍跑评分（单位：厘米）

分值	3 岁	3.5 岁	4 岁	4.5 岁	5 岁	5.5 岁	6 岁
10 分	>15.5	>14.3	>13.3	>12.6	>12.0	>11.5	>11.2
30 分	15.5~14.7	14.3~13.5	13.3~12.5	12.6~11.7	12.0~11.2	11.5~10.7	11.2~10.4
50 分	14.6~12.7	13.4~11.6	12.4~10.7	11.6~10.0	11.1~9.5	10.6~9.2	10.3~8.9
55 分	12.6~11.7	11.5~10.7	10.6~9.9	9.9~9.3	9.4~8.8	9.1~8.5	8.8~8.3
60 分	11.6~11.1	10.6~10.1	9.8~9.4	9.2~8.8	8.7~8.4	8.4~8.1	8.2~7.9
65 分	11.0~10.5	10.0~9.7	9.3~9.0	8.7~8.5	8.3~8.1	8.0~7.8	7.8~7.6
70 分	10.4~10.0	9.6~9.3	8.9~8.6	8.4~8.2	8.0~7.8	7.7~7.5	7.5~7.4
75 分	9.9~9.5	9.2~8.9	8.5~8.3	8.1~7.9	7.7~7.5	7.4~7.3	7.3~7.1
80 分	9.4~9.0	8.8~8.4	8.2~7.9	7.8~7.5	7.4~7.2	7.2~7.0	7.0~6.9
85 分	8.9~8.5	8.3~7.9	7.8~7.5	7.4~7.1	7.1~6.9	6.9~6.7	6.8~6.6
90 分	8.4~8.1	7.8~7.6	7.4~7.2	7.0~6.9	6.8~6.6	6.6~6.5	6.5~6.4
95 分	8.0~7.6	7.5~7.1	7.1~6.7	6.8~6.5	6.5~6.3	6.4~6.1	6.3~6.1
100 分	≤7.5	≤7.0	≤6.6	≤6.4	≤6.2	≤6.0	≤6.0

表 5-19 男性幼儿走平衡木评分（单位：秒）

分值	3 岁	3.5 岁	4 岁	4.5 岁	5 岁	5.5 岁	6 岁
10 分	>33.2	>29.1	>25.5	>22.4	>19.6	>17.1	>15.0
30 分	33.2~29.2	29.1~25.6	25.5~22.5	22.4~19.7	19.6~17.3	17.1~15.2	15.0~13.4
50 分	29.1~20.5	25.5~18.1	22.4~16.1	19.6~14.2	17.2~12.6	15.1~11.2	13.3~10.0
55 分	20.4~16.4	18.0~14.7	16.0~13.1	14.1~11.7	12.5~10.5	11.1~9.4	9.9~8.4
60 分	16.3~13.7	14.6~12.3	13.0~11.1	11.6~10.0	10.4~9.0	9.3~8.2	8.3~7.4
65 分	13.6~11.6	12.2~10.6	11.0~9.6	9.9~8.7	8.9~7.9	8.1~7.2	7.3~6.5
70 分	11.5~10.0	10.5~9.2	9.5~8.4	8.6~7.7	7.8~7.0	7.1~6.4	6.4~5.9
75 分	9.9~8.7	9.1~8.0	8.3~7.4	7.6~6.8	6.9~6.3	6.3~5.8	5.8~5.3
80 分	8.6~7.6	7.9~7.1	7.3~6.6	6.7~6.1	6.2~5.6	5.7~5.2	5.2~4.8
85 分	7.5~6.6	7.0~6.2	6.5~5.8	6.0~5.4	5.5~5.0	5.1~4.7	4.7~4.4
90 分	6.5~6.1	6.1~5.7	5.7~5.4	5.3~5.0	4.9~4.7	4.6~4.4	4.3~4.1
95 分	6.0~5.5	5.6~5.2	5.3~4.9	4.9~4.6	4.6~4.3	4.3~4.1	4.0~3.8
100 分	≤5.4	≤5.1	≤4.8	≤4.5	≤4.2	≤4.0	≤3.7

表 5-20 女性幼儿走平衡木评分（单位：秒）

分值	3 岁	3.5 岁	4 岁	4.5 岁	5 岁	5.5 岁	6 岁
10 分	>33.8	>28.3	>24.3	>20.6	>18.6	>17.1	>14.3
30 分	33.8~29.3	28.3~24.9	24.3~21.4	20.6~18.3	18.6~16.6	17.1~15.3	14.3~13.0
50 分	29.2~20.2	24.8~17.7	21.3~15.4	18.2~13.5	16.5~12.3	15.2~11.4	12.9~9.9
55 分	20.1~16.1	17.6~14.4	15.3~12.7	13.4~11.3	12.2~10.3	11.3~9.6	9.8~8.5
60 分	16.0~13.4	14.3~12.3	12.6~10.9	11.2~9.8	10.2~9.0	9.5~8.3	8.4~7.5
65 分	13.3~11.4	12.2~10.6	10.8~9.5	9.7~8.7	8.9~7.9	8.2~7.4	7.4~6.7
70 分	11.3~9.8	10.5~9.3	9.4~8.4	8.6~7.7	7.8~7.1	7.3~6.6	6.6~6.0
75 分	9.7~8.6	9.2~8.2	8.3~7.4	7.6~6.9	7.0~6.4	6.5~6.0	5.9~5.5
80 分	8.5~7.5	8.1~7.2	7.3~6.6	6.8~6.2	6.3~5.7	5.9~5.4	5.4~5.0
85 分	7.4~6.6	7.1~6.4	6.5~5.9	6.1~5.5	5.6~5.1	5.3~4.8	4.9~4.5
90 分	6.5~6.1	6.3~5.9	5.8~5.4	5.4~5.2	5.0~4.8	4.7~4.5	4.4~4.2
95 分	6.0~5.5	5.8~5.4	5.3~5.0	5.1~4.7	4.7~4.4	4.4~4.1	4.1~3.9
100 分	≤5.4	≤5.3	≤4.9	≤4.6	≤4.3	≤4.0	≤3.8

（三）测试人员安排

（1）设定一个 2～3 人的领导小组，具体负责当天实施的体测流程及领导工作，安全巡视检查工作，意外事故临场调度、指挥工作。

（2）设定 2～3 人宣传小组，对前期体测的注意事项进行宣传。被测试者应努力做到熟悉测试当天流程及测试项目的注意事项。测试人员，安排部署体质健康测试的相关安全事宜，认真学习预案，使测试者明确职责，熟悉突发事件处置步骤，做到心中有数。

（3）测试当天设定值班医生 2 名，主要负责当天测试中受伤人员的急救与处理。

（4）设定坐位体前屈测试人员 3 名，甲将被测试者按照测试顺序进行排列，乙在测试场边对幼儿进行适当的指导（这是因为幼儿对项目理解程度偏低，适当的指导有助于确保数据准确），丙对测试数据进行收集、审核、整理。

（5）设定 15 米折返跑测试人员 3 名，甲将被测试者按照测试顺序进行排列，乙在测试场边进行起跑发令，丙对测试数据进行收集、审核、整理。

（6）设定走平衡木测试人员 3 名，甲将被测试者按照测试顺序进行排列，乙在测试场边对幼儿进行适当的指导（这是因为幼儿对此项目有恐惧心理，适当的指导有助于确保数据准确），丙对测试数据进行收集、审核、整理。

（7）设定双脚连续跳测试人员 3 名，甲将被测试者按照测试顺序进行排列，乙在测试场边进行起跑发令，丙对测试数据进行收集、审核、整理。

（四）数据分析

（1）算出每个测试者的平均分，以及各个项目所有测试者的平均分，进行对比可以看出哪个项目是测试者的薄弱项目。

（2）算出每个年级的平均分，纵向进行对比，可以看项目成绩是否随着年龄的增长有所进步。

（3）首先计算每个项目的平均分，然后依据每个项目的特点进行分析。立定跳远、双脚连续跳、15 米绕障碍跑，体现幼儿的速度与灵敏性、平衡性、协调性、爆发力和下肢力量；握力，体现幼儿上肢抓握力；坐位体前屈，测试幼儿柔韧度。

（4）计算各个项目男女的成绩，分析男女在不同项目的差异。对比相同年龄段男女生长的差异。

第六章

学龄前儿童体适能训练

一、学龄前儿童肌力训练

（一）极限跳跃

游戏目标：发展儿童下肢弹跳力及下肢爆发力。

游戏准备：起点标志线，2个跳箱。

游戏方法：将儿童分为2组，站在标志线前端，听到"开始"口令，排头儿童跑至跳箱前并跳跃到跳箱上，再次发力起跳至第2个跳箱上并跳下，返回起点标志线击掌接力。下一位儿童继续接力。用时最短的组获胜。（如图6-1所示）

图6-1 极限跳跃

游戏规则：儿童双脚在向跳箱跳跃的过程中不能落地，双脚起跳，双臂向上摆，跳完迅速返回起点位置接力。

拓展与变化：跳箱间距根据男女生进行不同设置。根据儿童的实际情况，增加跳箱的个数及起点的距离。

游戏重难点：①重点：起跳时蹬地摆臂的协调配合。②难点：跳箱前起跳后的腾空技术。

游戏中的问题及解决方法见表6-1。

表6-1 问题与解决方法

问题	解决方法
在跳跃中落地	蛙跳、单腿跳、台阶跳，增强儿童下肢力量
在跳箱之间犹豫不决，不敢跳	缩小两个跳箱的距离，或教师辅助以增加儿童信心
返回速度慢	鼓励儿童加快速度，队员之间相互鼓励

注：游戏技能评价表见附件。

（二）默契兄弟

游戏目标：发展儿童上肢肌肉力量与耐力，培养儿童合作意识。

游戏准备：2个标志桶，起点标记线和终点标记线。

游戏方法：将儿童分为2人一组，各组成纵队站好。听到"开始"口令后，后面的儿童抬起前面儿童的两条腿，前面儿童两臂撑地在起点线上。各组同时开始比赛，并以同样的姿势返回。最快返回的一组获胜。（如图6-2所示）

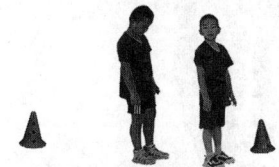

图6-2　"默契兄弟"游戏

游戏规则：比赛前要安排儿童进行热身和拉伸练习，特别是手腕，以免受伤。要重视安全教育和措施，每次练习的距离不要太长，速度也不用一致。儿童做俯撑时，身体要紧张有控制。做"推车"动作的儿童要配合"车"的动作前进，不要用力向前推或者往后拖拉。后面的儿童不得突然放下前面儿童的双腿，以防前面的儿童腿部撞击地面而受伤。

拓展与变化：分组时，要考虑儿童身高和体重比例的均衡，也可增加至3人"推车"。同时，要考虑儿童身高、体重的差距，并根据实际情况进行分组。

游戏重难点：①重点：在"推车"的过程中，身体与地面要保持平衡，腹部核心要收紧。②难点：在"推车"过程中，腰椎尽量伸直，骨盆处于中立位，尽量减少身体晃动。

游戏中的问题及解决方法见表6-2。

表6-2　问题与解决方法

问题	解决方法
支撑前行途中腹部着地	缩短起点和终点的距离，待其适应后，再增加距离
"推车"人抬腿的位置不对	紧紧抓住支撑前行儿童的脚踝
支撑前行身体晃动	原地平板支撑练习，增强身体控制能力

注：游戏技能评价表见附件。

(三) 跳圈圈

游戏目标：发展儿童下肢力量和弹跳力，增强儿童力量和空间感。

游戏准备：跳圈若干。

游戏方法：将儿童分成若干组，听到"开始"口令后，排头儿童依次跳到圈内，跳完最后一个圈，下一位儿童接力，最先完成的组获胜。（如图6-3所示）

图6-3 跳圈圈

游戏规则：儿童双脚同时起跳，跳跃过程中不能跳出圈外，双臂自然摆动。

拓展与变化：①增加圈与圈之间的距离，提高锻炼强度。②在圈外侧放标志桶，跳至圈内，儿童手摸标志桶后再次跳圈，训练反应能力。

游戏重难点：①重点：双脚起跳，手臂自然摆动。②难点：控制身体，提高跳跃速度。

游戏中的问题及解决方法见表6-3。

表6-3 问题与解决方法

问题	解决方法
身体控制不好，跳出圈外	将跳圈摆成一条直线，练习前后跳圈，增强身体平衡性
单脚跳圈	原地练习双脚连续跳跃
跳圈速度较慢	练习原地前后跳，并配合手臂摆动练习

注：游戏技能评价表见附件。

（四）支撑传递

游戏目标：锻炼儿童上肢肌肉力量和核心力量，促进儿童身体的协调性和控制能力。

游戏准备：标志桶若干。

游戏方法：将儿童排列成两排，听到"开始"口令后，所有儿童做俯卧状，排头儿童将标志桶依次传递至排尾，用时最短的一排获胜。（如图6-4所示）

图6-4 支撑传递

游戏规则：儿童要遵守游戏规则，做俯撑时身体不能下落，传递标志桶要依次传递。

拓展与变化：①支撑传递要从前到后，再从后到前，增加儿童双臂支撑力量和手部耐力。②隔空支撑传递，如第一个儿童传递给第三个儿童。

游戏重难点：①重点：锻炼儿童双臂的支撑力量。②难点：传递时保持儿童身体的控制能力。

游戏中的问题及解决方法见表6-4。

表6-4 问题与解决方法

问题	解决方法
支撑时身体落地	跪姿俯卧撑，加强手臂练习
支撑时臀部太高导致塌腰耸肩	采用四足支撑式，增强身体控制能力

注：游戏技能评价表见附件。

二、学龄前儿童灵敏训练

（一）盖高楼

游戏目标： 锻炼儿童的速度能力。

游戏准备： 黄色标志桶、红色标志桶若干，套圈2个。

游戏方法： 将儿童平均分成2个小组（每个小组代表一个颜色的建筑队）。每个队伍成纵队站在起跑线标志圈前。儿童听到"开始"口令后跑至摆放标志桶的位置，拿相应颜色的标志桶放置在标志圈内。下一位儿童接力，以此类推。将所有标志桶叠放在一起的小组获胜。（如图6-5所示）

图6-5 "盖高楼"游戏

游戏规则： 儿童跑步时，不要掉落标志桶，不要拿错标志桶。

拓展与变化： ①根据儿童能力增加标志桶的颜色。②增加标志线的距离，提高儿童运动量。

游戏重难点： ①重点：锻炼儿童对标志物的辨别和反应能力，提高跑步速度。②难点：游戏时，提高儿童对平衡意识的控制。

游戏中的问题及解决方法见表6-5。

表6-5 问题与解决方法

问题	解决方法
"盖高楼"盖不稳	将标志桶叠成"高楼"，儿童拆"高楼"，熟悉标志桶的摆放

注：游戏技能评价表见附件。

（二）开心跳一跳

游戏目标： 发展儿童下肢协调能力及脚踝关节力量。

游戏准备： 标志圈若干。

游戏方法： 将儿童分为 2 组，站立在标志圈起点位置，听到"开始"口令后，第一个儿童并脚跳入圈内，然后分脚跳至圈外，重复动作向前行进，直至最后一个圈结束。下一位儿童接力完成以上动作。最先完成的组获胜。（如图 6-6 所示）

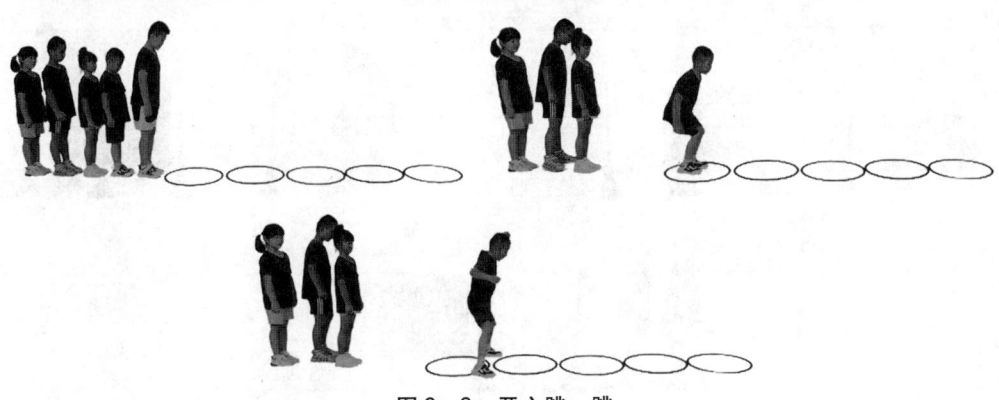

图 6-6 开心跳一跳

游戏规则： 跳跃途中每个圈都要跳到，不能略过任何一个圈。

拓展与变化： ①在标志圈外放标志桶，儿童双脚跳出圈外伸手摸标志桶。②增加标志圈的数量，增加儿童的运动量。

游戏重难点： ①重点：保持儿童在跳跃途中踝关节的稳定和身体的平衡。②难点：注意儿童在跳圈时身体的协调配合能力。

游戏中的问题及解决方法见表 6-6。

表 6-6 问题与解决方法

问题	解决方法
跳跃时身体出圈	练习原地跳跃增加儿童身体平衡性
跳跃途中速度慢	鼓励儿童加快速度完成游戏

注：游戏技能评价表见附件。

（三）勇闯天涯

游戏目标：提高儿童反应能力。

游戏准备：标志杆和标志桶若干，跳箱2个。

游戏方法：标志杆代表树木，儿童通过蛇形跑绕过所有的标志杆。在折返过程中，儿童"翻山"（跳箱）顺利回到队伍后，下一位儿童开始游戏。（如图6-7所示）

图6-7 "勇闯天涯"游戏

游戏规则：儿童在穿越"森林"的时候不要碰倒标志杆；从跳箱上下来的时候可以爬下来，也可以跳下来。回到队伍与下一位儿童击掌后，下一位儿童再出发。

拓展与变化：①让部分儿童扮演"树木"，并在游戏中保持不动。②把"树木"摆成"S"形，增加穿越难度。

游戏重难点：①重点：锻炼儿童在穿越途中的速度和反应能力。②难点：锻炼儿童在穿越途中加快速度，不要碰到标志杆。

游戏中的问题及解决方法见表6-7。

表6-7 问题与解决方法

问题	解决方法
穿越时身体碰到标志杆	在儿童适应后再调整标志杆距离
爬不过跳箱	根据实际情况增加跳箱的数量

注：游戏技能评价表见附件。

三、学龄前儿童耐力训练

(一) 蚂蚁搬家

游戏目标:增强儿童体质,促进儿童身体的生长发育,提高儿童的新陈代谢。

游戏准备:标志圈,飞盘,小球若干。

游戏方法:将儿童分为 2 组,依次站在标志圈前。听到"开始"口令后,第一位儿童开始将标志圈里的物品依次转移到第 2 个标志圈内,返回与下一位儿童击掌接力。最先完成的小组获胜。(如图 6-8 所示)

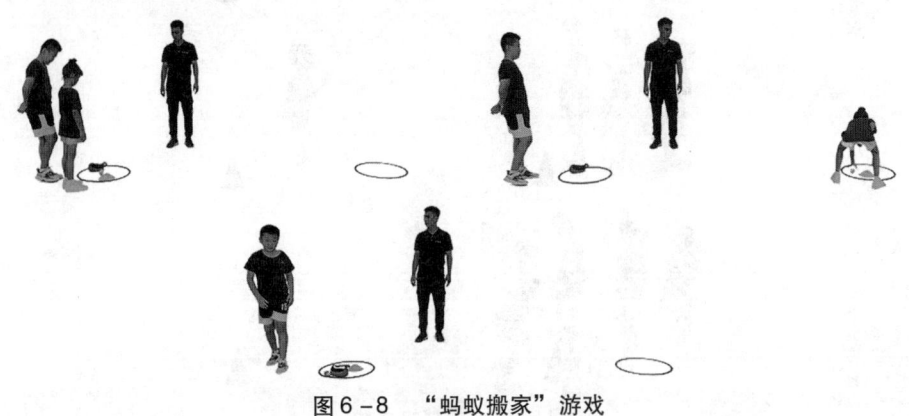

图 6-8 "蚂蚁搬家"游戏

游戏规则:标志圈内的物品一次只能拿一个,返回后击掌接力。

拓展与变化:①分组时要考虑两队的男女比例、实力强弱的均衡,保证游戏的公平性。②可在两个标志圈内放置不同的物品,增加游戏难度,增强儿童下肢力量和灵敏度。

游戏重难点:①重点:通过游戏形式体验折返跑的乐趣。②难点:提高儿童折返跑的速度和反应能力。

游戏中的问题及解决方法见表 6-8。

表 6-8 问题与解决方法

问题	解决方法
物品在转移过程中掉落	儿童在游戏开始前练习物品的抓握训练

注:游戏技能评价表见附件。

（二）单腿接力跳

游戏目标：发展儿童的平衡能力。

游戏准备：标志桶2个。

游戏方法：将儿童分为2组，各组对立成纵队站好。比赛开始后，各组队员单脚跳动，用手轻推对方组员，两人中最后双脚着地的积一分，积分高的一组获胜。（如图6-9所示）

图6-9 单腿接力跳

游戏规则：儿童在单脚接力跳过程中，抬起的腿不要放下。

拓展与变化：①分组时，要考虑儿童的身高、体重、身体素质的均衡。②将标志桶摆成"S"形，增加游戏的难度。

游戏重难点：①重点：锻炼儿童发力脚的连续性，脚落地要有缓冲。②难点：锻炼儿童蹬地和上肢协调能力。

游戏中的问题及解决方法见表6-9。

表6-9 问题与解决方法

问题	解决方法
单脚接力时脚落地	练习原地单腿交换跳

注：游戏技能评价表见附件。

（三）过独木桥

游戏目标：培养儿童身体控制能力以及平衡能力。

游戏准备：长凳，箱子，垫子。

游戏方法：将儿童分为 2 个小组并成纵队站好。比赛开始，各组队员依次通过长凳摆成的"独木桥"，或者是用高箱子组成的"独木桥"，返回自己的队伍，并和其他组员击掌继续游戏。用时最短的小组获胜。（如图 6-10 所示）

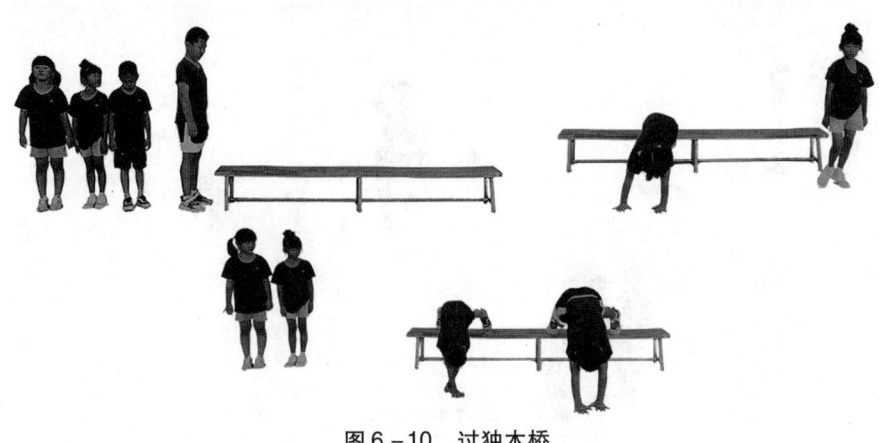

图 6-10　过独木桥

游戏规则：比赛前要安排儿童做热身和拉伸练习，防止扭伤；比赛须按规定路线行进，否则无效。

拓展与变化：①儿童可用四肢支撑爬行从长凳的一端到另一端，肢体不着地为优秀。②将上肢支撑在长凳上，脚部撑地，四肢同时发力从长凳的一端移动到另一端。

游戏重难点：①重点：儿童在移动过程中要保持身体与地面的平衡。②难点：儿童在移动过程中控制身体平衡，并保持一定的速度。

游戏中的问题及解决方法见表 6-10。

表 6-10　问题与解决方法

问题	解决方法
支撑时身体落地	跪姿俯卧撑，加强手臂练习
支撑时臀部太高导致塌腰耸肩	采用四足支撑式，增强身体控制

注：游戏技能评价表见附件。

（四）兔子蹲跳

游戏目标：增强儿童下肢力量，发展儿童的跳跃能力和身体协调能力。

游戏准备：标志桶2个。

游戏方法：将儿童均分为若干组，各组又均分为2个小组成纵队站好。儿童双手背于身后，站在标志桶前，听到"开始"口令后，排头儿童蛙跳至第2个标志桶并蛙跳返回，与后面的儿童击掌接力。用时最短的小组获胜。（如图6-11所示）

图6-11 兔子蹲跳

游戏规则：儿童在蛙跳行进时，双手背于身后不能松开，跳跃过程中身体要保持弯曲。

拓展与变化：①蛙跳可以是单腿跳或者双腿同时跳。②在两个标志桶中间增设障碍物，增加游戏难度。

游戏重难点：①重点：儿童在游戏中要双脚同时蹬地，落地缓冲继续发力。②难点：儿童在蹬地时身体要协调。

游戏中的问题及解决方法见表6-11。

表6-11 问题与解决方法

问题	解决方法
跳跃时背手松开	练习蛙跳摆臂，增加身体协调性
跳跃时单脚跳	练习连续原地蛙跳，增加身体记忆
跳跃速度慢	进行原地健美操，增强下肢力量和爆发力

注：游戏技能评价表见附件。

四、学龄前儿童平衡训练

（一）大钩子

游戏目标： 培养儿童身体的协调能力，提高儿童应变能力。
游戏准备： 标志盘若干。
游戏方法： 两人面对面站立，一人手持道具，并将标志盘放在对面儿童的脚尖上。对面儿童需屈腿将道具拿起，依次完成动作。（如图6-12所示）

图6-12 "大钩子"游戏

游戏规则： 道具无须固定在脚上，要确保道具不能从脚上掉下去。
拓展与变化： 儿童站成一排，接力玩游戏。
游戏重难点： ①重点：儿童手脚要配合协调。②难点：确保手拿标志盘的稳定性和完成动作速度的把握。

游戏中的问题及解决方法见表6-12。

表6-12 问题与解决方法

问题	解决方法
手拿标志盘过程中，标志盘掉落	找个支撑物练习单手拿标志盘
站立不稳	练习单腿站立、连续单腿跳，加强下肢稳定性

注：游戏技能评价表见附件。

（二）控球大作战

游戏目标： 提高儿童身体的平衡力以及手眼的专注力。

游戏准备： 标志桶，纸板，乒乓球若干。

游戏方法： 儿童在行走的过程中手持纸板运球，走 5～10 米后折返与下一位儿童交接。看谁走得又稳又快。（如图 6-13 所示）

图 6-13　"控球大作战"游戏

游戏规则： 儿童运球行走过程中不可以用双手辅助。如果球落地，儿童捡回球后要从原地开始游戏。

拓展与变化： ①可用飞盘或羽毛球拍替代纸板。②可以 2 个儿童一起运球，培养合作能力。

游戏重难点： ①重点：在运球过程中，儿童要走得又快又稳。②难点：儿童在运球时要控制好身体的协调性。

游戏中的问题及解决方法见表 6-13。

表 6-13　问题与解决方法

问题	解决方法
运球途中球掉落	练习运乒乓球，速度由慢到快
速度跟不上	鼓励儿童加快速度，队员间相互鼓励

注：游戏技能评价表见附件。

（三）真假不倒翁

游戏目标：发展儿童平衡能力。

游戏准备：平地或草坪。

游戏方法：将儿童均分为 2 组，各组成纵队面对面站好。比赛开始，各组队员单脚跳动，用手轻推对方组员。2 人中最后双脚着地的积 1 分，积分最高的组获胜。（如图 6-14 所示）

图 6-14 "真假不倒翁"游戏

游戏规则：在游戏中，儿童只可用手推对方的手，不能触及其身体。

拓展与变化：①分组时，要考虑儿童的身高、体重、身体素质的均衡。②可以用假动作迷惑对方。

游戏重难点：①重点：儿童单脚站立，上肢发力推对方。②难点：儿童单脚站立，保持身体平衡。

游戏中的问题及解决方法见表 6-14。

表 6-14 问题与解决方法

问题	解决方法
不倒翁跌倒	两个儿童手牵手练习彼此的稳定性
站立不稳	加强单脚站立、单脚连续跳练习

注：游戏技能评价表见附件。

五、学龄前儿童柔韧训练

（一）好朋友拉拉手

游戏目标： 拉伸儿童腿部柔韧性。
游戏准备： 瑜伽垫或草坪。
游戏方法： 2个儿童面对面坐立，双脚展开至90°，大小腿贴近地面。2个儿童的双脚贴合，手牵手，手臂伸直并保持身体下压。（如图6-15所示）

图6-15 "好朋友拉拉手"游戏

游戏规则： 儿童在身体下压时手不能松开，大小腿始终贴近地面。
拓展与变化： 儿童拉手部位可以从拉手掌过渡到手腕，再从拉手腕过渡到手肘。
游戏重难点： ①重点：身体尽量向前拉伸。②难点：向前拉伸时，大小腿贴近地面。
游戏中的问题及解决方法见表6-15。

表6-15 问题与解决方法

问题	解决方法
向前拉伸时膝盖翘起	练习坐位体前屈，用弹力带固定在膝关节上方
向前拉伸弓背	引导儿童下巴向前延伸，胸腔着地

注：游戏技能评价表见附件。

（二）人造拱桥

游戏目标：拉伸儿童大腿后侧肌肉。
游戏准备：平坦的地面。
游戏方法：两个儿童面对面站立，双脚分开与肩同宽。两个儿童分别将手臂搭在对方的肩胛骨上，让身体前倾下压。（如图6-16所示）

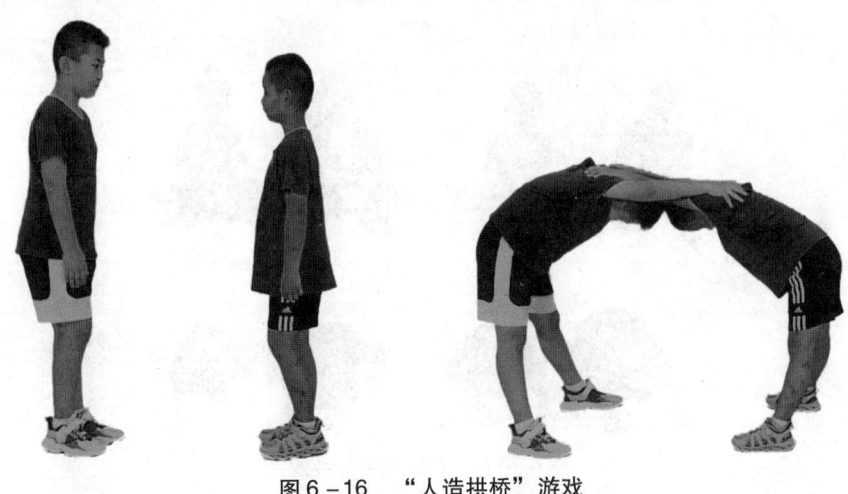

图6-16　"人造拱桥"游戏

游戏规则：儿童在下压时，手不能离开对方的肩膀。
拓展与变化：①两个儿童两腿并拢站立并搭肩下压。②两个儿童两腿打开站立并搭肩下压。
游戏重难点：①重点：拉伸大腿后侧肌肉。②难点：两个儿童共同发力以达到锻炼效果。
游戏中的问题及解决方法见表6-16。

表6-16　问题与解决方法

问题	解决方法
搭肩的手滑落	缩短两个儿童面对面站立的距离
身体下压严重	儿童双臂伸直，不能弯曲

注：游戏技能评价表见附件。

（三）青蛙趴

游戏目标：锻炼儿童股内肌的柔韧性。

游戏准备：瑜伽垫。

游戏方法：儿童趴在瑜伽垫上，双腿折叠外展，使臀大肌尽量坐在大腿上。双手贴着瑜伽垫向前伸展，大腿内侧尽可能贴在瑜伽垫上，模仿青蛙的姿势，保持20秒左右，可重复做3次。（如图6-17所示）

图6-17　"青蛙趴"游戏

游戏规则：儿童在青蛙趴时不能塌腰或者拱腰。

拓展与变化：①儿童可以在游戏中模仿青蛙叫以加强代入感。②儿童在青蛙趴的同时可以唱儿歌或者朗诵诗。

游戏重难点：①重点：儿童在青蛙趴时要打开胯部。②难点：儿童在青蛙趴时不能塌腰拱腰。

游戏中的问题及解决方法见表6-17。

表6-17　问题与解决方法

问题	解决方法
青蛙趴时塌腰	以手肘支撑，腹部发力
青蛙趴时拱腰	身体趴不到地面时可以把瑜伽垫折起给予支撑

注：游戏技能评价表见附件。

六、学龄前儿童速度训练

（一）接力跑

游戏目标：锻炼儿童的跑步速度，培养儿童集体主义精神。

游戏准备：跑道2条，接力棒2根。

游戏方法：将儿童均分为2队。听到"开始"口令后，排头的儿童持棒在起跑线起跑，绕过标志桶后将接力棒交给第二个儿童。所有儿童依次进行，最先跑完的队获胜。（如图6-18所示）

图6-18 接力跑

游戏规则：儿童在起跑及接棒时不准越线，不准抛接。

拓展与变化：①根据儿童具体的身体情况设定跑的距离。②可设置蛇线跑，提高儿童变向跑的能力。

游戏重难点：①重点：儿童在跑步接力途中接力棒不能掉落。②难点：儿童在传接力棒时要相互配合。

游戏中的问题及解决方法见表6-18。

表6-18 问题与解决方法

问题	解决方法
接力跑时掉棒	原地练习交接棒练习
接力跑速度慢	儿童之间相互鼓励

注：游戏技能评价表见附件。

（二）猎豹捕食

游戏目标：发展儿童快速起跑的能力。

游戏准备：标志桶2个。

游戏方法：将儿童分为2组，第一组儿童趴在起跑线标志桶前，听到"开始"口令后，迅速起身跑。第二组儿童背对着平躺于起跑线标志桶前，听到"开始"口令后，迅速起身跑。（如图6-19所示）

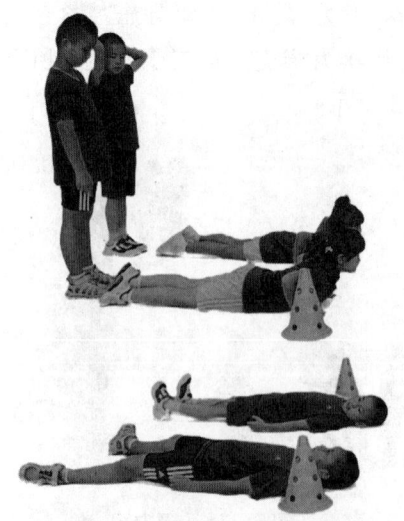

图6-19 起跑前的准备姿势

游戏规则：儿童在游戏时不得提前起身抢跑，不得进入别人的跑道。

拓展与变化：①起跑前的姿势可以变换成俯卧加起跑。②两个儿童用"石头剪刀布"的方式决定游戏中的角色，赢了的儿童先跑，输了的儿童在后面追。

游戏重难点：①重点：儿童在平躺起身后加速跑。②难点：儿童在平躺起身后控制身体的协调性。

游戏中的问题及解决方法见表6-19。

表6-19 问题与解决方法

问题	解决方法
平躺翻身速度慢	原地练习平躺左右翻身滚
起跑速度慢	原地摆臂小步跑并加速

注：游戏技能评价表见附件。

（三）绕桩冲刺

游戏目标：提高儿童的跑步速度和变向跑能力。

游戏准备：标志桶若干。

游戏方法：将儿童分为数量相同的 2 组，站在起跑线后。儿童听到"开始"口令后，跑到标志桶处并绕桶一圈，继续向前跑至终点后，下一个儿童继续跑，最先完成的组获胜。（如图 6-20 所示）

图 6-20　绕桩接力

游戏规则：儿童在游戏中不能碰倒标志桶，不能抢跑。

拓展与变化：①根据儿童的身体情况增加标志桶数量。②绕标志桶一圈可换成摸标志桶后继续跑至终点。

游戏重难点：①重点：绕桩冲刺的速度。②难点：绕桩后的起跑加速。

游戏中的问题及解决方法见表 6-20。

表 6-20　问题与解决方法

问题	解决方法
绕桩速度慢	原地绕桩由慢到快
绕桩后跑步速度慢	快慢交替小步跑

注：游戏技能评价表见附件。

七、学龄前儿童协调训练

（一）上下套娃

游戏目标：训练儿童的反应能力和协调能力。

游戏准备：套圈一个。

游戏方法：儿童站成一排。第一个儿童将套圈从头到脚套下，接力给第二个儿童。第二个儿童将套圈从脚到头套上，并传递给下一个儿童，以此类推。（如图6-21所示）

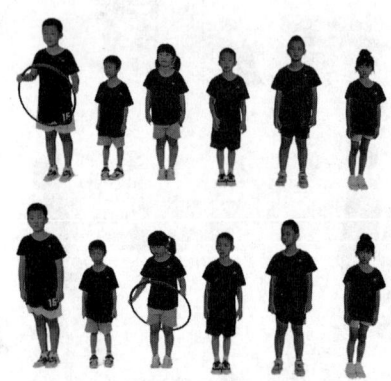

图6-21 "上下套娃"游戏

游戏规则：儿童依次按照从上到下、从下到上的规则进行套圈。

拓展与变化：①儿童由站立到半蹲状态进行游戏。②儿童由半蹲状态到全蹲状态进行游戏。

游戏重难点：①重点：儿童要保证套圈的流畅性和速度。②难点：儿童要清楚套圈的顺序流程。

游戏中的问题及解决方法见表6-21。

表6-21 问题与解决方法

问题	解决方法
套圈动作不连接	儿童单独练习套圈从头到脚，再从脚到头的动作，熟练后再进行游戏
套圈动作不协调	儿童先做徒手练习，即不用圈，做上举和下蹲的分解动作，然后做上举下蹲的连贯动作

注：游戏技能评价表见附件。

（二）投球小能手

游戏目标：发展儿童投掷能力，提高儿童投掷兴趣。

游戏准备：标志桶2个，纸箱2个，小球若干。

游戏方法：儿童站在标志桶前，听到"开始"口令时，将手里的小球连续向纸箱内投送，投入箱内小球最多者获胜。（如图6-22所示）

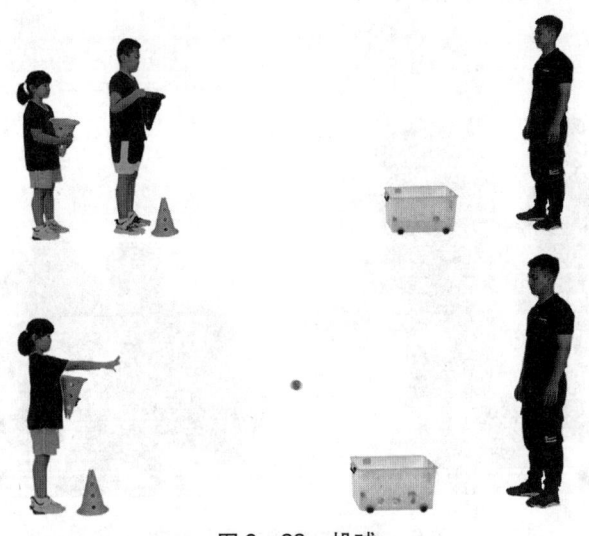

图6-22 投球

游戏规则：儿童在投球时不准超过投掷标志桶，身体要直立不能前倾。

拓展与变化：①儿童听口令进行开合跳，同时进行投掷。②儿童听口令进行原地转圈，转一圈投一次。

游戏重难点：①重点：儿童要将小球投掷到纸箱。②难点：要确保儿童投掷的准确性。

游戏中的问题及解决方法见表6-22。

表6-22 问题与解决方法

问题	解决方法
投掷不中	缩短投掷的距离
投掷时身体前倾	设置投掷线，投掷时身体不能触线

注：游戏技能评价表见附件。

（三）旋转木马

游戏目标：锻炼儿童的下肢力量，提高儿童的爆发力。
游戏准备：标志桶若干。
游戏方法：将标志桶摆放成圆形。儿童手牵手围绕在标志桶外圈，听到"开始"口令后，顺时针绕标志桶转圈；听到"下蹲"口令后，儿童手牵手下蹲，逆时针转圈，直到听到喊停为止。（如图6-23所示）

图6-23 "旋转木马"游戏

游戏规则：转圈下蹲时儿童的手不能松开，转圈时方向一致。
拓展与变化：①儿童手拉手跟随音乐进行游戏，音乐停止后模仿动物动作。②儿童手拉手转圈，听到"123木头人"时保持不动。
游戏重难点：①重点：儿童之间配合的默契程度。②难点：注意观察绕圈和下蹲时儿童的反应能力。

游戏中的问题及解决方法见表6-23。

表6-23 问题与解决方法

问题	解决方法
下蹲速度慢	儿童借助牵手时一起下拽的力量辅助下蹲
下蹲步调不一致	在听到口令时，儿童一起喊出"蹲"，同时做下蹲动作

注：游戏技能评价表见附件。

第七章

学龄儿童体适能训练

一、学龄儿童肌力训练

（一）袋鼠跳

游戏目标：加强儿童腿部的肌肉力量和耐力，锻炼儿童的协调性以及心肺适能。

游戏准备：①排球或气球。②游戏场地做起点标记与终点标记。③做游戏前进行充分热身和拉伸练习，防止儿童受伤。

游戏方法：将儿童平均分为若干组，各组成员排成纵队站好，每组排头儿童腿部夹球，将球夹稳，跳过起点至终点再返回，击掌并传递给下一位儿童接力。用时最少的一组获胜。（如图7-1所示）

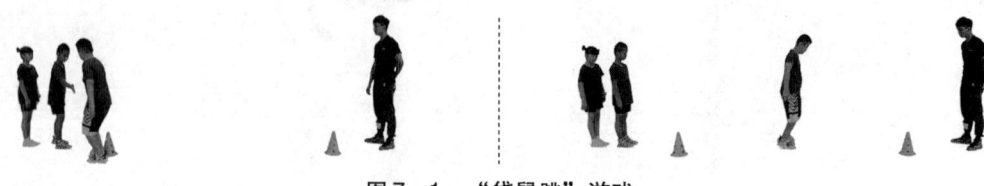

图7-1 "袋鼠跳"游戏

游戏规则：球从哪里掉下就应从哪里捡起；游戏者在途中不得以手碰球；儿童必须以跳的形式完成游戏，否则要从起点重新开始。

拓展与变化：①分组时要考虑两队的男女比例、实力强弱的均衡，保证游戏的公平性。②可以改成绕障碍物跳，一方作为障碍物站成一排，另一方跳，用时短的一方获胜。

游戏重难点：①重点：儿童在跳跃过程中要夹住球。②难点：发展儿童下肢弹跳能力并遵守游戏规则，了解团队合作的意义。

游戏中的问题及解决方法见表7-1。

表7-1 问题与解决方法

问题	解决方法
在跳跃中掉球	不使用球进行跳跃练习
跳跃速度慢	鼓励儿童加快速度，队员间相互鼓励

注：游戏技能评价表见附件。

（二）单脚跳跳

游戏目标：发展儿童腿部肌肉力量和耐力，加强踝关节稳定性，培养儿童的身体控制力以及平衡力。

游戏准备：①标志桶。②游戏场地可选择平地或者草地。③做游戏前进行充分热身和拉伸练习，防止受伤。

游戏方法：将儿童平均分为若干组，各组成员成纵队站好，按照设定的区域单脚跳过标志桶，返回队伍，和组员击掌并继续游戏。用时最少的一组获胜。（如图7-2所示）

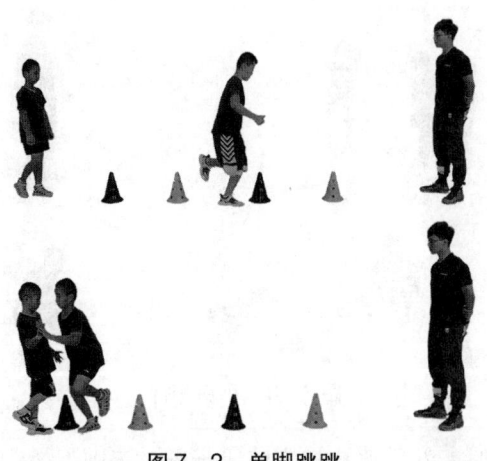

图7-2 单脚跳跳

游戏规则：游戏时，儿童要按规定路线行进，否则无效。

拓展与变化：①分组时，要考虑儿童身体素质的均衡，可男女混合分组。②可以脱掉鞋子，也可以穿上鞋子或袜子。③可以在不平稳的地面进行比赛。

游戏重难点：①重点：在单脚跳跃过程中，注意屈膝缓冲。②难点：在运动过程中，注意协调性与稳定性。

游戏中的问题及解决方法见表7-2。

表7-2 问题与解决方法

问题	解决方法
单脚跳跃时无法坚持	可进行双脚交替跳
单脚跳跃速度慢	鼓励儿童加速跳跃，队员间相互鼓励

注：游戏技能评价表见附件。

（三）小虫爬行

游戏目标：发展儿童手臂和腿部肌肉的力量，加强儿童核心稳定性，提高儿童协调性。

游戏准备：①标志桶。②游戏场地可选择平地或者草地。③游戏前进行充分热身和拉伸练习，防止受伤。

游戏方法：将儿童平均分为若干组，各组成员排成纵队站好。每位组员俯身向下，双手支撑身体向前爬行，身体俯撑时要呈一条直线；组员双脚前脚掌点地依次向腹部靠近，臀部抬起，爬行到终点标志桶。（如图7-3所示）

图7-3 小虫爬行

游戏规则：游戏时，儿童要按规定路线行进，否则无效。

拓展与变化：①分组时，要考虑儿童身体素质的均衡，可男女混合分组。②可脱掉鞋子，也可穿上鞋子或袜子。③可以在儿童背部放一个飞盘，比赛过程中飞盘不能落地。

游戏重难点：①重点：向上或者向下爬行时，注意身体不要晃动。②难点：游戏中，动作要协调、规范。

游戏中的问题及解决方法见表7-3。

表7-3 问题与解决方法

问题	解决方法
手臂无法支撑身体	可膝盖跪地进行爬行
爬行速度慢	鼓励儿童加速跳跃，队员间相互鼓励

注：游戏技能评价表见附件。

（四）小猴子摘桃

游戏目标：发展儿童腿部肌肉力量和耐力，加强儿童的弹跳能力。

游戏准备：①小球、跳箱。②游戏场地可选择在平地或者草地。③游戏前进行充分热身和拉伸练习，防止受伤。

游戏方法：将儿童平均分为若干组，各组成员排成纵队站好。教师站在跳箱高处手持小球，儿童站在下方双脚起跳拿走小球，再放回教师手中。下一位儿童继续游戏。（如图7-4所示）

图7-4 "小猴子摘桃"游戏

游戏规则：儿童要按照顺序依次进行游戏。

拓展与变化：①分组时，要考虑儿童身体素质的均衡，可男女混合分组。②可脱掉鞋子，也可穿上鞋子或袜子。③教师手持小球的高度可增加。

游戏重难点：①重点：跳跃下落过程中，注意屈膝缓冲。②难点：在运动过程中，要保持身体直立。

游戏中的问题及解决方法见表7-4。

表7-4 问题与解决方法

问题	解决方法
运动下落中易崴脚	可加强踝关节的稳定性训练
运动过程中身体晃动	加强核心力量的训练

注：游戏技能评价表见附件。

（五）"小小大力士"游戏

游戏目标：发展儿童腿部和手臂肌肉的力量和耐力。

游戏准备：①沙包袋、标志桶。②游戏场地可选择在平地或者草地。③游戏前进行充分热身和拉伸练习，防止受伤。

游戏方法：将儿童平均分为若干组，各组成员排成纵队站好。儿童将沙包袋举过头顶快步走过第一个标志桶，到达终点后返回起点，将沙包袋递给下一位儿童。用时最少的组获胜。（如图7-5所示）

图7-5　"小小大力士"游戏

游戏规则：儿童要按照顺序进行。

拓展与变化：①分组时，教师要考虑儿童身体素质的均衡，可男女混合分组。②教师可以根据实际情况适当调整两个标志桶之间的距离。③儿童可以举起沙包袋进行跑、跳类运动。

游戏重难点：①重点：在行走过程中，保持身体直立状态。②难点：将沙包袋举过头顶。

游戏中的问题及解决方法见表7-5。

表7-5　问题与解决方法

问题	解决方法
无法将沙包袋举起	可加强手臂力量与耐力训练
运动过程中身体晃动	加强核心力量的训练

注：游戏技能评价表见附件。

（六）小熊爬

游戏目标：练习爬行，锻炼儿童腿部和手部的力量。

游戏准备：①白色胶布，小飞盘，标志桶2个。②游戏场地可选择在平地或者草地。③游戏前进行充分热身和拉伸练习，防止受伤。

游戏方法：将儿童分为2组。每组派一个人，排头儿童做爬行姿势，后面的儿童将小飞盘放在待爬行儿童的背上，开始爬行。若在爬行过程中小飞盘掉了，游戏要重新开始。用时最少的组获胜。（如图7-6所示）

图7-6 爬行接力

游戏规则：在做游戏时，若爬行儿童背上的小飞盘掉了，儿童不可以继续爬行，需要等待另一个儿童把小飞盘放好了才可以继续移动。

拓展与变化：①分组时要考虑两组的男女比例、实力强弱的均衡，保证游戏的公平性。②可在2个标志桶中间设置障碍物，增加难度。③可调整爬行方向，根据儿童实际情况进行调整。

游戏重难点：①重点：在爬行过程中，身体不要左右晃动。②难点：在爬行过程中，膝盖不能着地，背部保持平直。

游戏中的问题及解决方法见表7-6。

表7-6 问题与解决方法

问题	解决方法
小飞盘从背部滑落	取走背部的飞盘，先进行无飞盘爬行
运动过程中身体晃动	加强核心力量的训练

注：游戏技能评价表见附件。

二、学龄儿童灵敏训练

（一）反应闪躲

游戏目标：培养儿童灵敏度和协调能力。

游戏准备：①小沙包或瑜伽小球。②游戏场地可选择在平地或者草地。③游戏前进行充分热身和拉伸练习，防止受伤。

游戏方法：将儿童分为两队，一队进攻，一队防守。防守队站在中间，进攻队分成两组面对面站立（中间是防守队），进攻队与防守队之间的距离约5米。进攻队任意队员向防守队任意队员丢沙包，如防守队员被打中则淘汰出局，未击中任何队员则游戏继续。当防守队员全部出局后，交换进攻队和防守队的队员，重新开始游戏。（如图7-7所示）

图7-7 "反应闪躲"游戏

游戏规则：游戏中，儿童不得击打防守队员头部以上的区域，被击中的队员要把沙包传回给进攻队员。

拓展与变化：①可增加沙包的数量，但不能超过2个。②可将沙包换为小号瑜伽球。

游戏重难点：①重点：锻炼儿童快速反应能力。②难点：训练儿童快速躲球，能及时做出接下来的躲避动作。

游戏中的问题及解决方法见表7-7。

表7-7 问题与解决方法

问题	解决方法
总是被球打在身上	进攻队员和防守队员之间距离拉大，难度增加
小沙包安全性小	将小沙包换为软的瑜伽球

注：游戏技能评价表见附件。

（二）反应击球

游戏目标：培养儿童的灵敏度和协调能力。

游戏准备：①小沙包或瑜伽小球。②游戏场地可选择在平地或者草地。③游戏前进行充分热身和拉伸练习，防止受伤。

游戏方法：将儿童分为两队，一队进攻，一队防守。防守队站在中间，进攻队分成两组面对面站立（中间是防守队）。进攻队与防守队之间的距离约5米。进攻队任意队员向防守队任意队员丢沙包，防守队员用手将球击回。在规定时间内，防守队员中有10个球未击中的儿童与进攻队员互换角色，并继续玩游戏。当防守队员全部出局后，防守队队员与进攻队队员互相交换。（如图7-8所示）

图7-8 "反应击球"游戏

游戏规则：游戏时，儿童不得击打防守队队员头部及以上的区域。

拓展与变化：①可增加沙包的数量，但不能超过2个。②可将沙包替换成小号瑜伽球。

游戏重难点：①重点：锻炼儿童快速反应能力。②难点：训练儿童快速反应球的位置，并能及时击中球。

游戏中的问题及解决方法见表7-8。

表7-8 问题与解决方法

问题	解决方法
无法击打回球	进攻队员和防守队员之间距离缩小，难度减小
小沙包安全性小	将小沙包换为瑜伽球

注：游戏技能评价表见附件。

（三）绕圈接球

游戏目标：训练儿童灵敏度和协调能力。

游戏准备：①小沙包或瑜伽球，标志桶。②游戏场地可选择在平地或者草地。③游戏前进行充分热身和拉伸练习，防止受伤。

游戏方法：教师将儿童分为2组。每组儿童成纵列站好。每组中的第一位儿童将瑜伽球抛给第二位儿童，随即绕标志桶跑一圈，双手接过瑜伽球再将球抛回给第二个儿童，再次绕标志桶跑一圈，击掌并传递给下一位儿童进行接力。用时最少的组获胜。（如图7-9所示）

图7-9 "绕圈接球"游戏

游戏规则：在游戏中，儿童绕标志桶跑时身体不能碰到标志桶，如若碰到标志桶，则视为犯规。

拓展与变化：①教师可适当调整两个儿童之间站立的距离，增加难度。②教师可将中号瑜伽球换成小球，速度更快。

游戏重难点：①重点：锻炼儿童快速反应的能力。②难点：训练儿童在运动过程中急停急起的能力。

游戏中的问题及解决方法见表7-9。

表7-9 问题与解决方法

问题	解决方法
绕标志桶时将桶绊倒	朝标志桶的方向进行绕桶跑
无法接到球	抛球儿童减慢速度，难度可减小

注：游戏技能评价表见附件。

（四）螃蟹步侧移

游戏目标：培养儿童灵敏度和协调能力。

游戏准备：①标志桶。②游戏场地可选择在平地或者草地。③游戏前进行充分热身和拉伸练习，防止受伤。

游戏方法：教师将标志桶摆放为两条直线，并将儿童分为两组。一个儿童从第一个标志桶出发，横向并步移动到第二个标志桶，俯身用手碰标志桶上方，然后继续横向移动到下一个标志桶，击掌并传递给下一位儿童接力。用时最少的组获胜。（如图7-10所示）

图7-10 "螃蟹步侧移"游戏

游戏规则：在游戏中，儿童每次前进时手一定要触碰标志桶上方，否则需要返回起点重新开始游戏。

拓展与变化：①教师可增加标志桶横向或纵向之间的距离，增加难度。②教师可在两个纵向标志桶中间增加障碍物。

游戏重难点：①重点：锻炼儿童快速反应的能力。②难点：训练儿童在运动过程中横向运动的能力。

游戏中的问题及解决方法见表7-10。

表7-10 问题与解决方法

问题	解决方法
横向并步过程中碰不到标志桶上方	运动过程中重心降低

注：游戏技能评价表见附件。

三、学龄儿童耐力训练

（一）拉马车

游戏目标： 培养儿童下肢肌肉的肌力与肌耐力。

游戏准备： ①标志桶、弹力带。②游戏场地可选择在平地或者草地。③游戏前进行充分热身和拉伸练习，防止受伤。

游戏方法： 教师将儿童分为两组，每组中一人用弹力带套住另一人的腰部，相互对抗，像拉马车一样。被弹力带套住的儿童高抬腿前进，到达终点后，绕过标志桶回来，击掌并传递给下一位儿童接力。用时最少的组获胜。（如图 7-11 所示）

图 7-11 "拉马车"游戏

游戏规则： 游戏时，儿童需要进行完整的折返高抬腿对抗训练，大腿尽量抬高，与地面平行。

拓展与变化： ①教师可加大弹力带阻力值，或者加大前进难度。②教师可在游戏过程中设置障碍。

游戏重难点： ①重点：游戏时，尽量将大腿抬起并与地面平行。②难点：要坚持往返路径，动作不变形。

游戏中的问题及解决方法见表 7-11。

表 7-11 问题与解决方法

问题	解决方法
抬起的大腿无法与地面平行	可适当调整后面的阻力

注：游戏技能评价表见附件。

（二）平板格物

游戏目标： 培养儿童核心的稳定性以及手臂的肌力与肌耐力。

游戏准备： ①标志盘、网球。②游戏场地可选择在平地或者草地。③游戏前进行充分热身和拉伸练习，防止受伤。

游戏方法： 将儿童分为 2 组，用标志盘围成两个圈，将网球置于一个圈内。儿童双手双脚撑地，身体保持稳定，单手将一圈内的网球放于另一圈内。一位儿童完成后，另一位儿童接力。用时最少的组获胜。（如图 7-12 所示）

图 7-12 "平板格物"游戏

游戏规则： 儿童需要将所有的网球进行分类。

拓展与变化： ①教师可多设置几个分类区域，但最多不超过 3 个。②教师可将物品多样化。

游戏重难点： ①重点：儿童手臂撑地，将所有网球进行分类。②难点：游戏时儿童的身体呈直线，始终保持稳定。

游戏中的问题及解决方法见表 7-12。

表 7-12 问题与解决方法

问题	解决方法
手臂无法支撑	加强手臂力量训练
身体左右晃动	可降低难度，先做跪撑

注：游戏技能评价表见附件。

（三）争夺物资

游戏目标：提高儿童身体协调性与灵敏性。

游戏准备：①沙包袋。②游戏场地可选择在平地或者草地。③游戏前进行充分热身和拉伸练习，防止受伤。

游戏方法：将2个沙包袋分别放在左右两边，儿童分为2队站于两边。计时开始，2位儿童跑到对面抢夺沙包袋并放回自己的领域，以此类推，进行5轮后接力给下一位儿童。用时最少的队获胜。（如图7-13所示）

图7-13 "争夺物资"游戏

游戏规则：儿童需要来回抢夺物资5轮后才能进行接力。

拓展与变化：①教师可设置不同类型的物资。②儿童可在抢夺物资后，再进行物资分类。

游戏重难点：①重点：在游戏中儿童迅速反应抢夺物资。②难点：游戏对儿童进行全身性的训练，需要坚持。

游戏中的问题及解决方法见表7-13。

表7-13 问题与解决方法

问题	解决方法
无法完成5轮折返	减少折返次数
拎不动物资	可将物资换成轻重量的小工具

注：游戏技能评价表见附件。

四、学龄儿童平衡训练

（一）踩石过河

游戏目标： 锻炼儿童的身体平衡能力，发展儿童的下肢力量。

游戏准备： ①小石头。②游戏场地可选择在平地或者草地。③游戏前进行充分热身和拉伸练习，防止受伤。

游戏方法： 将小石头左右交错地放在地面上，并将儿童分为2~3组，让儿童依次用走、跨等方式过石头。失误最少的一组获胜。（如图7-14所示）

图7-14 "踩石过河"游戏

游戏规则： 儿童在走的过程中如果落下石头，可以从落下处继续向前进，计失误1次。

拓展与变化： ①可设置高度不一的桩体以提高游戏难度。②可以把石头涂不同的颜色，并要求选择同一种颜色的石头通过。

游戏重难点： ①重点：儿童全程走完梅花桩，不掉落。②难点：儿童在行走过程中保持身体稳定，不晃动。

游戏中的问题及解决方法见表7-14。

表7-14 问题与解决方法

问题	解决方法
无法在梅花桩上行走	可将梅花桩换成接触面积大的工具
无法走完梅花桩	可根据实际情况将梅花桩的间距缩短

注：游戏技能评价表见附件。

（二）悠悠传球

游戏目标：培养儿童核心稳定性。

游戏准备：①中号和小号瑜伽球。②游戏场地可选择在平地或者草地。③游戏前进行充分热身和拉伸练习，防止受伤。

游戏方法：将儿童分为2组。2个儿童相对着将上身贴在中号瑜伽球上，双脚点地支撑。2个儿童的双手分别向对方抛小号瑜伽球5次。完成后接力换下一组儿童。（如图7-15所示）

图7-15 "悠悠传球"游戏

游戏规则：儿童在抛球和接球过程中，球不能落地，如球落地，计失误一次。失误最少的儿童获胜。

拓展与变化：①可多设置抛接的方式，如弹地一次接住球。②可多人进行抛接游戏，最多不超过4人。

游戏重难点：①重点：儿童将球抛出，并让对方接住。②难点：儿童的身体要呈直线，并保持稳定。

游戏中的问题及解决方法见表7-15。

表7-15 问题与解决方法

问题	解决方法
身体无法在瑜伽球上支撑	加强核心力量训练
身体左右晃动	可降低难度，换大号的瑜伽球进行支撑

注：游戏技能评价表见附件。

（三）走直线高手

游戏目标：提高儿童身体平衡性。

游戏准备：①标志桶和标志飞盘。②游戏场地可选择在平地或者草地。③游戏前进行充分热身和拉伸练习，防止受伤。

游戏方法：将2个标志桶放在左右两边，并将儿童分为2组站成2排。计时开始。两位儿童分别将飞盘放置头顶，双手侧平举，向前走直线。到达终点后，儿童将飞盘取下放于对面儿童的头顶，以此进行接力。用时最少的一组获胜。（如图7-16所示）

图7-16　"走直线高手"游戏

游戏规则：儿童走直线的过程中，飞盘不能掉落，如飞盘掉落则需退回起点，重新开始游戏。

拓展与变化：①可在儿童进行直线走游戏中设置障碍物。②可将飞盘换成其他物品，或让儿童手拿小器械行走。

游戏重难点：①重点：儿童需要走直线，同时不让飞盘掉落。②难点：儿童身体保持稳定，不晃动。

游戏中的问题及解决方法见表7-16。

表7-16　问题与解决方法

问题	解决方法
无法走直线	放下飞盘，先进行走直线练习
飞盘掉落	身体不稳定，加强核心训练

注：游戏技能评价表见附件。

五、学龄儿童柔韧性训练

（一）拔河起立

游戏目标：锻炼儿童身体的柔韧性，提高儿童的核心力量与手臂力量。

游戏准备：①弹力带。②游戏场地可选择在平地或者草地。③游戏前充分热身和拉伸练习，防止受伤。

游戏方法：将儿童分为2组。教师手拿一根弹力带，让儿童仰卧在地面上。儿童手拽弹力带，像拔河一样让身体直立起。（如图7-17所示）

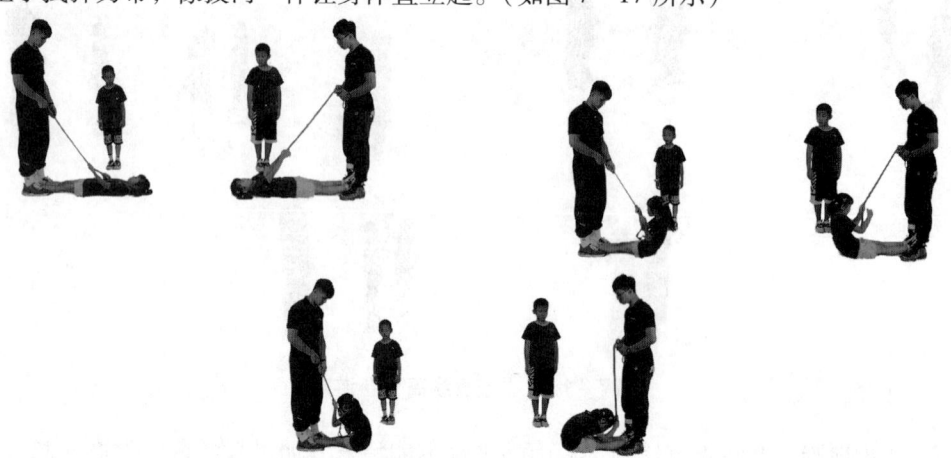

图7-17 "拔河起立"游戏

游戏规则：儿童起身完成5次后，进行接力，用时最少的一组获胜。

拓展与变化：可通过设置弹力带的阻力值以提高游戏难度。

游戏重难点：①重点：儿童在起身时，身体保持直立状态。②难点：儿童感受腹部发力以及大腿后侧的拉伸感。

游戏中的问题及解决方法见表7-17。

表7-17 问题与解决方法

问题	解决方法
无法拉拽弹力带起身	可将弹力带阻力值增大
起身时多靠手臂力量	加强核心力量的训练

注：游戏技能评价表见附件。

（二）花式传球

游戏目标：锻炼儿童身体的柔韧性。

游戏准备：①小号瑜伽球。②游戏场地可选择在平地或者草地。③游戏前进行充分热身和做拉伸练习，防止受伤。

游戏方法：将儿童分为7人一组，间隔一定距离排成纵队站好。第一个儿童从胯下传球依次传至最后一个儿童，然后最后一个儿童从头上往前传球，依次传到第一个儿童。以此类推。在规定时间内，传球最多的一组获胜。（如图7-18所示）

图7-18　"花式传球"游戏

游戏规则：儿童传球过程中，膝关节要保持自然伸直状态。

拓展与变化：可增加参加游戏时的人数（10人左右）。

游戏重难点：①重点：儿童在传球时要将球准确交到后面儿童的手中。②难点：儿童膝关节需要保持自然伸直状态。

游戏中的问题及解决方法见表7-18。

表7-18　问题与解决方法

问题	解决方法
身体无法后仰	加强前侧身体的拉伸与伸展，如眼镜蛇式
身体无法前屈	加强后侧身体的拉伸与伸展，如站姿体前屈

注：游戏技能评价表见附件。

六、学龄儿童速度训练

（一）8字绕桩

游戏目标：训练儿童下肢肌肉的速度，提高儿童身体的灵敏性。

游戏准备：①标志桶。②游戏场地可选择在平地或者草地。③游戏前进行充分热身和做拉伸练习，防止受伤。

游戏方法：将儿童分为2组，在地上摆放4个标志桶。儿童围着标志桶前移。用时最少的一组获胜。（如图7-19所示）

图7-19　8字绕桩

游戏规则：儿童绕每个桩时都要绕一圈后再前移。

拓展与变化：①教师可增加标志桶的距离，加大前进难度。②教师可在行进过程中设置障碍。

游戏重难点：①重点：儿童需要快速进行前移。②难点：儿童要保持动作不变形，绕完所有标志桶。

游戏中的问题及解决方法见表7-19。

表7-19　问题与解决方法

问题	解决方法
不是用前脚掌快速移动	先跑直线进行前脚掌快速移动

注：游戏技能评价表见附件。

（二）堆宝塔

游戏目标： 提高儿童的反应能力。

游戏准备： ①标志桶。②游戏场地可选择在平地或者草地。③游戏前进行充分热身和做拉伸练习，防止受伤。

游戏方法： 将儿童分为2人一组，将10个标志桶间隔一定距离排两排，2位儿童分别站在标志桶的一端。口令开始后，儿童侧向移动将标志桶拿起，然后套在第一个标志桶上面。以此类推。最先完成游戏的儿童获胜。（如图7-20所示）

图7-20 "堆宝塔"游戏

游戏规则： 儿童侧向移动时将标志桶进行堆积，速度最快的获胜。

拓展与变化： 可增加标志桶的数量或者加大标志桶的间距。

游戏重难点： ①重点：提高儿童移动及拿起标志桶的速度。②难点：儿童重心降低，横向移动。

游戏中的问题及解决方法见表7-20。

表7-20 问题与解决方法

问题	解决方法
侧向移动速度慢	进行侧向移动的练习

注：游戏技能评价表见附件。

（三）夺取宝物

游戏目标：提高儿童身体的平衡性。

游戏准备：①标志桶和瑜伽小球。②游戏场地可选择在平地或者草地。③游戏前进行充分热身和做拉伸练习，防止受伤。

游戏方法：将两个标志桶放在左右两边，儿童分为两队站在两边。一位教师站在儿童对面手持瑜伽小球，另一位教师发号口令。口令一发，对面两个儿童迅速抢夺教师手中的瑜伽球。抢夺瑜伽球数量最多的一组获胜。（如图 7-21 所示）

图 7-21　"夺取宝物"游戏

游戏规则：儿童在抢夺过程中不能和其他儿童有肢体碰触。

拓展与变化：①可增加参与游戏的人数，加大抢夺的难度。②教师在抢夺过程中设置其他障碍。

游戏重难点：①重点：儿童快速反应抢夺瑜伽小球。②难点：注意儿童在抢夺过程中的启动和急停。

游戏中的问题及解决方法见表 7-21。

表 7-21　问题与解决方法

问题	解决方法
反应慢	进行专门性的反应速度练习

注：游戏技能评价表见附件。

（四）雪糕筒归位

游戏目标： 提高儿童的反应能力。

游戏准备： ①标志桶。②游戏场地可选择在平地或者草地。③游戏前进行充分热身和做拉伸练习，防止受伤。

游戏方法： 教师将儿童分为两队，分别站在两个标志桶后方，前方10米处放置若干凌乱的标志桶。儿童听口令后出发，快速跑过去将对面的标志桶拿起，然后放到起点标志桶处。将标志桶归位的数量最多的一组获胜。（如图7-22所示）

图7-22 "雪糕筒归位"游戏

游戏规则： 儿童返回时要与后面的儿童击掌后才算完成接力。

拓展与变化： 可增加标志桶的数量。

游戏重难点： ①重点：儿童在游戏中要提高移动速度，快速拿起标志桶。②难点：儿童将身体重心降低，快速出发。

游戏中的问题及解决方法见表7-22。

表7-22 问题与解决方法

问题	解决方法
冲刺移动速度慢	进行冲刺移动速度的练习

注：游戏技能评价表见附件。

七、学龄儿童协调训练

（一）拔禾苗与种禾苗

游戏目标：培养儿童之间的合作能力。

游戏准备：标志杆、标志桶若干。

游戏方法：将儿童分为2人一组，站在标志桶起跑线前。听到"开始"口令后，第一位儿童跑至标志杆前，将标志杆取下来拿至起点，直到取回最后一个标志杆。下一位儿童在标志桶起跑线的位置，将标志杆依次还原到标志桶的位置为止。（如图7-23所示）

图7-23 "拔禾苗"与"种禾苗"游戏

游戏规则：一次只能有一个儿童跑上前"拔禾苗"，每次只能拔一棵"禾苗"，放好后再出发。"种禾苗"的成员也只能一次种一棵禾苗，需要将"禾苗"种牢后再回来取另一棵。

拓展与变化：①在游戏中，儿童可以采取双脚跳跃的方式行进。②儿童可以双手举高"禾苗"或双手背向身后，同时握住"禾苗"行进。

游戏重难点：①重点：儿童要掌握"拔禾苗"与"种禾苗"的连贯性。②难点：儿童要保持"拔禾苗"与"种禾苗"游戏时的速度。

游戏中的问题及解决方法见表7-23。

表7-23 问题与解决方法

问题	解决方法
"拔禾苗""种禾苗"途中，标志标掉落	鼓励儿童按照要求完成游戏再接力

注：游戏技能评价表见附件。

（二）穿越火线

游戏目标：锻炼儿童的反应能力和应变能力。

游戏准备：2根弹力绳。

游戏方法：2个教师脚踩弹力带，相互拉住对方的弹力带并形成一个网格。儿童依次从该网格中穿越过去。（如图7-24所示）

图7-24　"穿越火线"游戏

游戏规则：儿童在通过不同形状的障碍物时，身体的任何部位都不能触碰网格线，碰到者视为闯关失败。

拓展与变化：儿童戴上一顶高帽子进行游戏，或是手肘位置、膝盖位置加戴一些突出物，增加游戏难度。

游戏重难点：①重点：儿童在穿越网格时不要碰到网格线。②难点：儿童穿越网格线时速度要快。

游戏中的问题及解决方法见表7-24。

表7-24　问题与解决方法

问题	解决方法
穿越网格线时身体触线	教师可以拉大网格线让儿童适应后再调整网格大小

注：游戏技能评价表见附件。

（三）蟹子夹球

游戏目标：锻炼儿童协调反应能力。

游戏准备：1个小球。

游戏方法：教师要求儿童坐成一排，双手撑在体后，双脚抬起。第一位儿童用脚像蟹子一样夹球，将球传递给下一位儿童。下一位儿童用同样的方法继续传递，直到最后一位儿童完成传递。（如图7-25所示）

图7-25　"蟹子夹球"游戏

游戏规则：在传接过程中，儿童要双脚离地夹住小球。进行游戏时，小球落地或脚部触地者，挑战失败。

拓展与变化：①横向列队。成员交错坐姿（正向背向），传接小球时第一位儿童需要原地转动半圈传给第二位儿童，第二位儿童再转半圈传给第三位儿童，以此类推。②纵向列队。儿童间隔一腿距离坐好，其中一位儿童双脚夹住小球，双腿离地，原地转动180°，传球给下一位儿童。以此类推。

游戏重难点：①重点：锻炼儿童夹球传递时的稳定性。②难点：训练儿童夹球传递时要保持一定的速度。

游戏中的问题及解决方法见表7-25。

表7-25　问题与解决方法

问题	解决方法
坐立不稳	儿童将手往身体后延伸撑地
夹球传递时掉球	鼓励儿童夹球稳住再去传球

注：游戏技能评价表见附件。

（四）手脚传球

游戏目标： 锻炼儿童身体的控制能力和协调能力。

游戏准备： 瑜伽球。

游戏方法： 将儿童分为2组，并排成纵队躺下。每组的第一位儿童双脚夹着瑜伽球，听到"开始"口令后，将瑜伽球传到手中，再将瑜伽球用双手传给下一位儿童。以此类推。最先完成传球的小组获胜。（如图7-26所示）

图7-26 "手脚传球"游戏

游戏规则： 一位儿童双腿离地，双脚夹住瑜伽球，再用双手接住，然后传接给下一位儿童。下一个儿童重复上述动作。

拓展与变化： ①教师可由大到小选择瑜伽球，加大游戏难度。②传接形式可改为儿童转圈后，再在同一个位置用同一种方式传递瑜伽球。

游戏重难点： ①重点：儿童在手脚传瑜伽球的过程中要又快又稳。②难点：儿童在手脚传递过程中不掉落瑜伽球。

游戏中的问题及解决方法见表7-26。

表7-26 问题与解决方法

问题	解决方法
传递过程中手脚并用	手传递时，脚要放下来
传递过程中瑜伽球掉落	原地单独练习手传瑜伽球和脚传瑜伽球

注：游戏技能评价表见附件。

参考文献

［1］ KRAUS H，HIRSCHLAND R P. Muscular fitness and health［J］. JO-HPER，1953，24（10）.

［2］ 曹莹. 儿童肥胖的影响因素及预防［J］. 健康与生物医药，2009，4（2）.

［3］ 陈捷. 山西省学龄前儿童体质变化特点的研究［D］. 太原：中北大学，2014.

［4］ 陈佩杰，王人卫. 健康体适能评定理论与方法［M］. 上海：上海教育出版社，2013.

［5］ 大泽清二，季成叶. 中国人（汉族）青年的形态变异和生态学的相关［J］. 日本学校保健研究，1995，37.

［6］ 胡鑫，方贴海. 儿童自主性体适能新观念［M］. 北京：新华出版社，2018.

［7］ 计秋菊. 大连市大学生不同生活方式对体质健康的影响［D］. 沈阳：辽宁师范大学，2012.

［8］ 江崇民，于道中，侯新民. 1997年中国成人体质观测结果的分析与研究［J］. 体育科学，1999，19（4）.

［9］ 李一辰，潘迎，赵娟. 北京市3～6岁儿童生活方式对体质影响的研究［J］. 中国儿童保健杂志，2011，19（6）.

［10］ 刘卓娅，孙艳，余毅震. 青少年睡眠时间静态活动与超重肥胖的关系［J］. 中国学校卫生，2012（3）.

［11］ 马冠生，李艳平，武阳丰，等. 1992至2002年间中国居民超重率和肥胖率的变化［J］. 中华预防医学杂志，2005（5）.

［12］ 孙亚青. 河南将城市幼儿园幼儿体质现状调查与对策研究［D］. 郑州：河南大学，2007.

［13］ 沈勋章，赵文杰. 21世纪我国成年人体质监测工作的管理与思考［J］. 四川体育科学，1998（1）.

［14］ 朱小烽. 儿童青少年体适能评定与健康促进［M］. 成都：西南交通大学出版社，2016.

附件

游戏技能评价表

_____技能评价					
技能：_____					
儿童姓名：		教师姓名：			
动作程度	不会	很难	还好	很好	很棒
协调	☹	😖	😐	😄	🤩
灵敏	☹	😖	😐	😄	🤩
速度	☹	😖	😐	😄	🤩
柔韧	☹	😖	😐	😄	🤩

致　　谢

　　特别感谢美国伊利诺伊大学终身教授、美国国家科学院院士朱为模，美国春田学院刘展教授，香港浸会大学刘永松教授，北京大学妇女儿童体育研究中心主任、北京幼儿体育协会会长董进霞教授，中山大学张新萍教授等专家同行在本书的编辑过程中给予的指导与帮助，使得本书能够顺利出版。同时，还要感谢南京小象皮尼文化科技有限公司、贵州迈特橙子体育科技有限公司、贵州麦特空间设计有限公司、广州驳马数智科技有限公司为本书的视频拍摄提供场地和器械的支持与服务，以及王子登教练、赵泽睿教练为本书的视频拍摄所做的指导工作及服务等。

　　我们相信，通过努力一定能让更多的孩子健康快乐地成长。